Schwarz | #MeToo. 100 Seiten

* Reclam 100 Seiten *

CAROLINA SCHWARZ, geb. 1991, ist Co-Ressortleiterin »Gesellschaft und Medien« bei der *tageszeitung (taz)*.

Carolina Schwarz

#MeToo. 100 Seiten

RECLAM

2024 Philipp Reclam jun. Verlag GmbH,
Siemensstraße 32, 71254 Ditzingen
Umschlaggestaltung: zero-media.net, München
Infografik (S. 14 f.): © Martina Frank, München
Bildnachweis: S. 11: Damian Dovarganes / AP, Keystone; S. 19: Wikimedia Commons / National Guard; S. 27: metoorising.withgoogle.com; S. 29: picture alliance / dpa | Divyakant Solanki / 35897727; S. 80: Wikimedia Commons / Gabriela Carvalho PH; S. 97: Time Magazine.
Autorinnenfoto: © privat
Umschlagmaterial: Creative Print, Schabert
Druck und Bindung: Esser printSolutions GmbH,
Untere Sonnenstraße 5, 84030 Ergolding
Printed in Germany 2024
RECLAM ist eine eingetragene Marke
der Philipp Reclam jun. GmbH & Co. KG, Stuttgart
ISBN 978-3-15-020717-8

www.reclam.de

Für mehr Informationen zur 100-Seiten-Reihe:
www.reclam.de/100Seiten

Inhalt

1 Die Bar
8 Der Name
16 Der Fall Null
31 Die Kritik
48 Der Staat
66 Die Presse
79 Die Vorbilder
93 Das Fazit

Im Anhang Lektüretipps

Die Bar

Es ist ein eher kühler Abend im Spätsommer 2023, die Vorwürfe gegen Rammstein-Sänger Till Lindemann bestimmen seit Wochen die Nachrichten und Debatten, als ich mit meinen zwei besten Freundinnen in einer Bar in Berlin-Neukölln sitze. Die beiden trinken Rotwein, ich ein Peroni vom Fass, und wir unterhalten uns über alles Mögliche. Irgendwann an diesem Abend kommen wir auf das Thema sexuelle Belästigung zu sprechen. Wir erzählen einander, wie viel Unangenehmes wir in unseren gut 30 Lebensjahren schon erleben mussten. Wie ältere Männer unsere kindlichen Körper mit ihren Blicken und Kommentaren sexualisierten. Wie wir in Bars oder auf Partys gegen unseren Willen begrapscht und geküsst wurden. Wie wir im Netz mit Vergewaltigungen bedroht und unangenehmen Nachrichten geflutet wurden. Wie wir in öffentlichen Verkehrsmitteln bedrängt wurden und niemand dazwischenging, oder wie wir auf der Straße am helllichten Tag verfolgt wurden.

»Das wäre heute so nicht mehr möglich«, sagt eine meiner Freundinnen irgendwann – und wir nicken. Natürlich wissen wir, dass sexuelle Übergriffe nicht einfach aufgehört haben. Noch immer habe ich Freund:innen, die mit dem Schlüssel in der Faust nachts nach Hause laufen oder sich nur in Gruppen in bestimmte Räume trauen. Übergriffe passieren überall und jederzeit. Doch wir teilen das Gefühl oder zumindest die Hoffnung, dass die Gesellschaft in den vergangenen Jahren ihr Bewusstsein für sexualisierte Gewalt in all ihren Facetten verändert hat. Dass Männer ihre Macht nicht mehr so unverfroren missbrauchen oder, falls doch, wir es nicht mehr so hinnehmen. Wir würden aufstehen, laut sein, einschreiten, wenn wir sehen, dass jemand übergriffig wird. »Das wäre heute nicht mehr so möglich«: In dem Satz schwingt mit, dass sieben Jahre #MeToo etwas gebracht haben.

Aber ist das so? Wäre #MeToo ein voller Erfolg, gäbe es keine sexualisierte Gewalt und keinen Machtmissbrauch mehr. Von diesem Zustand sind wir weit entfernt – und ob sich überhaupt etwas zum Besseren verändert, ist auch fraglich. Denn die Zahlen zu sexualisierter Gewalt in Deutschland steigen, und das lässt sich nicht nur mit einer höheren Anzeigebereitschaft der Betroffenen erklären. Hat das Hashtag also wirklich einen gesellschaftlichen Umbruch angestoßen oder war alles nur ein medialer Hype ohne reale Veränderungen?

Antworten auf diese Fragen zu finden, ist nicht einfach. Denn beim Thema #MeToo herrscht vor allem eines: Uneinigkeit. Ist das Ganze bloß ein Hashtag, eine Debatte, oder ist es eine feministische Bewegung? Und selbst wenn es eine Bewegung ist: Für wen oder was kämpft sie eigentlich? Je nachdem, wen man fragt, ändern sich die Antworten. In diesem Buch soll es, wenn überhaupt, nur am Rande um mich gehen, aber natürlich wird es aus meiner Perspektive – aus der einer weißen, in Deutschland lebenden cis Frau – und mit einer linken feministischen Haltung geschrieben.

Meinem Verständnis nach ist aus dem Hashtag längst eine

internationale Bewegung geworden. Die Bewegung ist heterogen, sieht in jedem Land anders aus, ist online wie offline aktiv. Vor allem ist sie wenig strukturiert und sich weder in ihren Zielen noch ihren Maßnahmen einig. Im Großen will sie eine Welt ohne Machtmissbrauch und sexualisierte Gewalt, eine Welt mit Geschlechtergerechtigkeit, ja, eine Welt ohne das Patriarchat. Im Kleinen kämpft sie erst einmal dafür, dass wir die Scham überwinden, über das zu sprechen, was wir erleben. Dass wir all die Strukturen benennen, in denen Übergriffe stattfinden, um sie in einem zweiten Schritt aufzubrechen und abzuschaffen.

#MeToo, wie wir es heute kennen, begann in Hollywood, also in der Arbeitswelt der Reichen und Schönen. Doch die Bewegung blieb dort nicht stehen, denn sexualisierte Gewalt findet überall statt. Im Büro und in der Bar beim Feierabendbier, in der Kita, an der Uni und im Altersheim, im Sportverein oder auch beim Chor, in Burschenschaften und bei der Antifa, beim Konzert oder in der Kirche. Und der gefährlichste Ort bleibt gerade für Frauen das eigene Zuhause. Denn in den meisten Gewaltvorfällen kommt der Täter aus dem Nahbereich des Opfers, ist der (Ex-)Freund, der Vater oder der Klavierlehrer.

Eigentlich ist #MeToo keine Frage des Geschlechts, sondern betrifft Macht und Machtmissbrauch. Auch Männer erfahren sexualisierte und häusliche Gewalt, auch Frauen sind Täterinnen – wobei statistisch gesehen ein Großteil der Fälle andersherum gelagert sind. Und natürlich werden auch nichtbinäre, inter und trans Personen Opfer von geschlechtsspezifischer Gewalt, das möchte ich in diesem Buch, soweit es geht, sichtbar machen. Doch in den meisten Studien und Umfragen, aber auch bei staatlichen und gesellschaftspolitischen Vorhaben wird mit binären Strukturen gearbeitet, queere Lebensrealitäten werden weder abgefragt noch berücksichtigt, weswegen ich an den entsprechenden Stellen dann auch von Frauen und Männern schreibe.

Was Studien, Umfragen und Debatten in der Regel ebenso wenig berücksichtigen: Alle Frauen sind bedroht von geschlechtsspezifischer Gewalt, aber nicht alle in gleichem Ausmaß. Denn trans, behinderte, lesbische, BIPoC oder migrantische Frauen sind einer deutlich größeren Gefahr ausgesetzt als eine weiße cis hetero Frau ohne Migrationsgeschichte und Behinderung. Genauso prekär lebende Frauen ohne festes Arbeitsverhältnis und gesicherten Aufenthaltsstatus. Dieser Zustand offenbart, dass nicht nur das herrschende System, sondern auch die feministische Bewegung ihre Schwächen hat.

Wer wissen möchte, wo #MeToo heute steht, muss verstehen, woher die Bewegung kommt. Der Ausdruck ist einige Jahre älter, als viele denken. Die Aktivistin Tarana Burke nutzte ihn seit 2006 als Titel für eine Kampagne gegen Missbrauch von afroamerikanischen Mädchen und Frauen. Erst elf Jahre später forderte die Schauspielerin Alyssa Milano bei Twitter alle auf, die sexuell belästigt oder missbraucht worden waren, mit ›me too‹ auf ihren Tweet zu antworten. Diese zwei Worte reichten aus, um eine Massenbewegung loszutreten. Millionen Menschen nutzten in den vergangenen Jahren das Hashtag, um ihre Erfahrungen zu teilen.

Auslöser für Milanos Tweet waren die Recherchen des *New Yorker* und der *New York Times* zum missbräuchlichen Verhalten des US-Produzenten Harvey Weinstein gewesen. Der Name Weinstein war zum damaligen Zeitpunkt in Deutschland vermutlich nur den wenigsten ein Begriff – heute kennt ihn fast jede:r. Denn Weinstein ist der »Fall Null« der #MeToo-

Bewegung. Im Oktober 2017 beschuldigten zahlreiche (prominente) Schauspielerinnen und Mitarbeiterinnen ihn der Vergewaltigung und Belästigung, Weinstein stritt alle strafrechtlich relevanten Vorwürfe ab. Gut zwei Jahre später wurde er zu 23 Jahren Haft verurteilt, später kamen in einem weiteren Prozess noch einmal 16 hinzu. Der Prozess, der zum ersten Urteil geführt hat, ist im Frühling 2024 für ungültig erklärt worden, das zweite Urteil bleibt so bestehen. Doch dazu später mehr. Der Fall ist für die Bewegung Glücksfall und Pech zugleich. Der Mut der Frauen und die hartnäckigen Recherchen zu Weinstein haben alles ins Rollen gebracht. Ohne sie gäbe es kein #MeToo. Gleichzeitig müssen sich alle Fälle an diesem Fall Null messen. Doch kaum einer ist so schwerwiegend, so eindeutig und gut belegt wie der von Harvey Weinstein.

Das ist ein Umstand unter vielen, die dazu geführt haben, dass die Bewegung nie mit einer so starken Durchschlagkraft in Deutschland angekommen ist wie beispielsweise in Schweden, Indien oder Spanien. Zwar gab es auch hierzulande mit den durchaus unterschiedlich gelagerten Vorwürfen gegen Dieter Wedel, Siegfried Mauser oder Till Lindemann – alle drei haben jegliche strafrechtlich relevanten Vorwürfe abgestritten – immer wieder Fälle, die zu bundesweiten Debatten über sexualisierte Gewalt geführt haben, doch die Folgen sind deutlich weniger sichtbar als in anderen Ländern.

In der deutschen Gesetzgebung hat sich bislang wenig getan. Dabei ist die juristische Situation für Betroffene sexualisierter Gewalt ziemlich prekär. Nur ein Bruchteil der Taten führen zu einer Verurteilung. Dass ihre juristischen Chancen schlecht stehen, ist vielen Betroffenen bewusst. Oft fehlt es ihnen an Vertrauen in die Polizei und die Justiz, weswegen sie von vornherein auf eine Anzeige verzichten. Manch eine:r geht deswegen den Weg über die Öffentlichkeit: Entweder direkt in den sozialen Medien oder indirekt über die Presse. Doch auch dieser Weg ist voller Hürden. Denn noch immer herrscht die misogyne Erzählung vor, Frauen würden Falschbeschuldigungen öffentlich äußern, um Karriere zu machen. Dabei ist das Gegenteil der Fall: Gehen Betroffene an die Öffentlichkeit, schlägt ihnen meist Hass und Unglaube entgegen.

Für die Presse ist diese Form der Berichterstattung ebenfalls eine Herausforderung. Denn obwohl Journalist:innen in Deutschland immer geübter in Verdachtsberichterstattung über sexualisierte Gewalt geworden sind, wird diese infolge von Einschüchterungsversuchen durch mutmaßliche Täter und verschiedene Gerichtsentscheidungen immer schwieriger.

Allzu oft sieht die traurige Realität also leider so aus: Die Justiz versagt, die Presse scheitert – Betroffene bleiben allein und Täter an der Macht.

Noch immer können Männer, denen sexualisierte Gewalt vorgeworfen wird, recht sicher sein, dass ihnen wenig passiert. Selbst nach schwerwiegenden Vorwürfen wurde Donald Trump zum US-Präsidenten gewählt, Rammstein füllen weiter Stadien bei ihren Konzerten und Johnny Depp erhält Standing Ovations bei renommierten Filmfestivals. Nicht alle von ihnen wurden verurteilt, doch moralisch ist Verhalten in allen Fällen fragwürdig. Sollte das nicht gesellschaftliche Konsequenzen haben?

Angesichts dessen ist es schwer vorstellbar, dass #MeToo ein Erfolg war. Oder schauen wir bislang einfach in die falschen Ecken? Sind die Erfolge längst da und wir können sie nur nicht wahrnehmen, weil wir als Feminist:innen besonders gut darin sind, Errungenschaften schnell zu vergessen und uns lieber auf das zu konzentrieren, was alles fehlt oder schlecht läuft? Steckt auch eine Form von Sexismus hinter dem Urteil, #MeToo hätte nichts gebracht, weil man einer Bewegung, die hauptsächlich von Frauen und Queers getragen wird, gar keinen Erfolg zutraut?

Der Name

Am Anfang einer Bewegung steht oft ein Name. Eine Person, die alles ins Rollen bringt. Welcher das bei #MeToo ist, darüber könnte man sich stundenlang streiten. Die erste Assoziation mit dem Hashtag ist für die meisten vermutlich Harvey Weinstein. Doch obwohl er in diesem Buch immer wieder auftauchen wird, soll er darin nicht am Anfang stehen. Gwyneth Paltrow zu nennen, wäre auch eine Möglichkeit. Die Schauspielerin ist die wahrscheinlich erste Frau, die öffentlich gesagt hat, dass Weinstein sie genötigt habe, »ein, zwei Dinge zu tun«. Und das lange, bevor es überhaupt Hashtags gab, nämlich 1998 in der *Late Show* von David Letterman. In den vergangenen Jahren wurde Paltrows Satz viel zitiert, um klarzumachen, wie lange die Vorwürfe gegen Weinstein eigentlich schon bekannt sein müssten. Doch von 1998 bis zum Beginn der großen #MeToo-Welle ist noch einige Zeit vergangen.

Jodi Kantor und Megan Twohey, die zwei Journalistinnen der *New York Times*, die mit ihrer Enthüllungsgeschichte den Fall Weinstein in Gang brachten, könnten ebenfalls am Anfang stehen. Oder Ashley Judd, die als erste Schauspielerin bereit war, mit ihrem Namen in deren Recherche aufzutauchen. Auch der Name von Alyssa Milano könnte hier stehen.

Schließlich war die Schauspielerin es, die am 15. Oktober 2017 mit einem Tweet eine riesige Welle von Offenbarungen auslöste.

Doch diese Geschichte von #MeToo soll mit einem anderen Namen beginnen. Nämlich mit Heaven. 1996 verbringt die 12-Jährige ihren Sommer mit Hunderten anderen Teenagern in einem Camp in Gadsden, Alabama. Als vorlautes und wildes Mädchen eckt sie an, gerät immer wieder mit anderen aneinander. Schon bei ihrer Ankunft gibt es Ärger, aber zum Glück ist da diese eine Campleiterin, die sie nur Mrs Tee nennt. In ihren Wochen im Camp rettet diese sie immer wieder aus Situationen, in denen sie eigentlich Ärger bekommen müsste, weil sie sich wieder einmal nicht an die Regeln gehalten hat. Die beiden bauen eine Beziehung zueinander auf und Mrs Tee wird eine wichtige Bezugsperson für die 12-Jährige.

Eines Abends sitzen die Teenager nach Geschlechtern getrennt mit den Campleiter:innen in unterschiedlichen Räumen. Bei der *Sister to Sister Session* dürfen die Mädchen alle Fragen stellen, die ihnen auf dem Herzen liegen. Es dauert nicht lange, bis eines der Mädchen erzählt, dass es in der Schule von einem älteren Schüler belästigt worden sei. Immer mehr Mädchen schließen sich ihr an und erzählen, welche Übergriffe sie in ihren kurzen Leben schon erlebt haben. Heaven schweigt an diesem Abend. Emotionslos guckt sie ins Leere. Am nächsten Morgen sucht sie das Gespräch mit Mrs Tee. Sie will ihr erzählen, was ihr passiert ist. »Mein Stiefvater, also eigentlich der Freund meiner Mutter. Er hat Sachen mit mir gemacht…«, beginnt sie. Mrs Tee unterbricht sie, verweist sie an eine Kollegin, bei der sie besser aufgehoben sei.

Heaven ist verunsichert – wieso hört Mrs Tee ihr nicht zu? Mrs Tee schämt sich – wieso konnte sie nicht angemessen auf

Heaven reagieren? Wieso konnte sie ihr in diesem Moment nicht sagen, dass ihr das auch alles passiert war? Wieso konnte sie zu Heaven nicht sagen: *me too*?

Dieser Moment und dieses Mädchen blieben Mrs Tee, die wir als Tarana Burke kennen, für Jahre im Gedächtnis und sorgten schließlich dafür, dass sie die #MeToo-Bewegung ins Leben rief. So beschreibt sie es in ihrer Autobiografie *Unbound: My Story of Liberation and the Birth of the Me Too Movement* (2021), die leider bislang noch nicht in die deutsche Sprache übersetzt wurde.

Zehn Jahre dauerte es, bis die #MeToo-Bewegung, wie wir sie heute kennen, entstand. In der Zwischenzeit wurde Burke in ihrer Arbeit, aber auch in ihrer Rolle als Mutter immer wieder mit Kindern of Color konfrontiert, die missbraucht oder vergewaltigt wurden. Eines Abends sitzt sie dann allein auf einer Matratze in ihrer Wohnung, überwältigt vom Schmerz, diesen ganzen Kindern nicht helfen zu können. Tarana Burke wurde selbst als Kind vergewaltigt und hatte das Gefühl, mit niemandem darüber sprechen zu können. Ihr fehlten schlicht die Worte dafür, zu beschreiben, was ihr angetan wurde und wie sie sich fühlte. Als Erwachsene kennt sie die richtigen Worte, doch darüber zu sprechen, fällt ihr trotz allem schwer. An diesem Abend nimmt sie ein leeres Blatt Papier und schreibt ganz oben *me too* auf die Seite.

Aus diesem Papier ist letztlich die #MeToo-Bewegung entstanden, die zunächst gar nicht darauf aus war, Täter öffentlich anzuklagen. Und vor allem hatte sie nichts mit Hollywood-Stars zu tun. Tarana Burke geht es mit #MeToo in erster Linie darum, Kinder of Color zu unterstützen, die sexuellen Missbrauch, Ausbeutung oder Belästigung überlebt heben. Denn aus eigener Erfahrung weiß sie, dass Gemeinschaft bzw. das

Tarana Burke bei einer feministischen Demonstration im November 2017 in Los Angeles.

Gefühl, nicht alleine zu sein, Menschen ermutigen und bestärken kann.

#MeToo im ursprünglichen Sinn darf man sich also weder als ein unpersönliches Hashtag noch als eine klassische Bewegung wie Fridays of Future vorstellen, die mit Demos und Protestaktionen für eine gemeinsame Sache kämpft. Vielmehr hat Burke damals Workshops für Kinder und Methoden konzipiert, wie man Überlebenden Empathie und Mitgefühl entgegenbringen kann. Über ein Jahrzehnt später entwickelte sich aus dieser Ursprungsidee eine ganz andere Bewegung.

Es ist der 15. Oktober 2017, als Alyssa Milano ihren Tweet in die Welt setzt, der aus #MeToo eine weltweite Debatte macht. Die gleichnamige Kampagne von Burke kannte Milano zu diesem Zeitpunkt nicht. Nachdem das Ausmaß der Vorwürfe gegen Weinstein durch die Recherchen des *New Yorker* und der *New York Times* bekanntgeworden waren, riet ihr ihre Freundin, die trans Aktivistin Charlotte Clymer, ihre Reichweite als Schauspielerin zu nutzen, um dem Thema der sexualisierten

Gewalt mehr Aufmerksamkeit zu verschaffen. Um zu zeigen, dass es nicht allein um Weinstein geht, sondern dass so viele Frauen mit so vielen Männern ähnliche Erfahrungen gemacht haben. Denn Milano hat selbst sexualisierte Gewalt erlebt. Erst Jahre später wird sie von den Übergriffen erzählen, beim ersten Mal war sie noch ein Teenager.

»Wenn du sexuell belästigt oder angegriffen worden bist, schreibe ›ich auch‹ (engl: *me too*) als Antwort auf diesen Tweet.« So lautet die Übersetzung des Posts von Milano, der bis heute millionenfach geteilt, geliket und kommentiert wurde. Und nun wurden aus dem Namen, mit dem alles begann, viele Namen. #MeToo sind Heaven und Tarana Burke, Alyssa Milano, Jennifer Lawrence, Reese Witherspoon, Taylor Swift, Adama Iwu in den USA oder auch Jany Tempel in Deutschland. Aber #MeToo sind vor allem so viele Frauen, nichtbinäre Menschen, Männer und Kinder, die am Arbeitsplatz, im Sport, in der Beziehung, im Freund*innenkreis, in Parteien und aktivistischen Gruppen oder auf der Straße sexualisierte Gewalt erleben. Ihre Namen sind nicht immer bekannt, doch einige ihrer Geschichten erreichen nach und nach die Öffentlichkeit.

Alyssa Milano sagte einmal auf die Nachfrage, wieso sie #MeToo gestartet habe, dass sie der Gesellschaft das Ausmaß habe klarmachen wollen, in dem sexuelle Belästigung und Gewalt stattfinden. Dass das Ganze kein Hollywood-Problem sei, sondern ein internationales, das sich durch alle Branchen und Beziehungen ziehe. Nach sieben Jahren #MeToo kann man sich zumindest eine erste Vorstellung davon machen, wie viele Betroffene es gibt. Und einsehen, dass die Behauptung, es handele sich nur um Einzelfälle, wirklich langsam unglaubwürdig wird.

Tarana Burke ging es in erster Linie darum, Betroffenen zu helfen, damit sie sich nicht alleingelassen, sondern gesehen fühlen. Viele würden mittlerweile sagen, dass #MeToo noch viel mehr leisten muss. Nicht nur Geschehenes aufarbeiten, sondern auch weitere Taten verhindern, müsste das Ziel sein. Betroffenen zuhören, ihnen glauben und sie unterstützen? In jedem Fall. Aber im Idealfall sollte gesellschaftlicher Wandel dafür sorgen, dass es gar nicht erst Millionen von Betroffenen gibt. Doch wer mit Menschen spricht, die sexualisierte Übergriffe erlebt haben, oder sich die Entwicklung der Zahlen ansieht, merkt schnell, dass Burkes Wunsch noch lange nicht erfüllt ist.

#MeToo-Tweets

»Wir sollten diese erfahrungen unter einem hashtag sammeln. ich schlage #aufschrei vor«
Anne Wizorek, 25. Januar 2013

»If you've been sexually harassed or assaulted write ›me too‹ as a reply to this tweet«
Alyssa Milano, 15. Oktober 2017

»Ladies, let's break the silence to the next generation of girls won't have to live with this bullshit. #MeToo«
America Ferrara, 16. Oktober 2017

»Sexual harassment is not just a problem in Hollywood #MeToo«
Gloria Steinem, 28. Oktober 2017

»I stand with women across every industry to say #TIMESUP on abuse, harassment, marginalizat on and underrepresentation. Join me!«
Viola Davis, 1. Januar 2018

»A year ago today I thought my world was falling apart. I woke up to find out that the hashtag #metoo had gone viral and I didn't see any of the work I laid out over the previous decade attached to it. (...) The whole time I was fretting about saving my work and I didn't realize that ›my work‹ was happening right in front of me.«

Tarana Burke,
15. Oktober 2018

»I stand by anyone who has ever been the victim of sexual assault.«

Lady Gaga,
10. Januar 2019

»Hi! Ich bin Ines. Ich hab Gewalt erlebt. Sexuelle Gewalt. Gewalt gegen meinen Körper und gegen meine Seele.«

Ines Anioli, 10. Oktober 2020

»4 Jahre ›nach #metoo‹ hat sich in Deutschland fast nichts geändert, obwohl ständig so getan wird, als ob. Könnten Sie 10 berühmte Männer in Deutschland nennen, die wegen Übergriffen richtig tief gefallen sind? Ich auch nicht. Ich würde aber gern.«

Margarete Stokowski, 5. Oktober 2021

»I'm the Girl that was spiked at Rammstein. I am going to make a big post with all the photos/videos I have«

Shelby Lynn, 25. Mai 2023

Der Fall Null

Wissen Sie noch, wo Sie waren, als Sie das erste Mal von #MeToo gehört haben? Ich erinnere mich nicht mehr an den genauen Moment, vermutlich ist mir das Hashtag das erste Mal beim Doomscrolling auf Twitter untergekommen. Ich erinnere mich aber daran, wie motiviert meine Kollegin war, als die Recherchen zu Weinstein veröffentlicht wurden und das Hashtag langsam an Fahrt aufnahm. Damals war ich redaktionelle Mitarbeiterin bei *taz zwei*, dem Medien- und Gesellschaftsressort der *taz*, das gerne bei allen großen Debatten mitmischt. Meine Ressortleiterin hatte im Gegensatz zu mir früh das Gefühl, dass uns mit #MeToo etwas Großes bevorsteht. Etwas, das Dinge verändern kann. Sie ahnte, dass nun endlich über all das gesprochen würde, was so lange in so vielen von uns schlummerte.

Von da an sprachen wir regelmäßig darüber, wie wir journalistisch mit #MeToo umgehen wollten. Welche Betroffenen oder Expert:innen wir zu Wort kommen lassen könnten, deren Sichtweise nun endlich gehört würden. Oder welche Perspektiven uns in der Debatte zu kurz kamen. Für mich wurde #MeToo schnell ein wichtiges Thema, das mich bis heute journalistisch begleitet.

Als die Vorwürfe gegen Harvey Weinstein veröffentlicht wurden, war mir sein Name vollkommen unbekannt. Das Logo der Weinstein Company, ein abstraktes W aus drei spitzen Dreiecken, hatte ich vermutlich etliche Male in Filmen gesehen, doch über den Mann dahinter wusste ich nichts. Aus der Ferne begann ich zu verfolgen, welche Vorwürfe gegen ihn erhoben wurden, wie er persönlich und wie die Branche darauf reagierte. Zu Beginn gab es fast täglich neue Nachrichten. Später verfolgte ich seine Gerichtsverfahren in New York und Los Angeles, kommentierte seine Verurteilung und hatte zeitweise parat, wie das Gefängnis hieß, in dem er zuerst untergebracht war, und welche medizinischen Gründe er angab, um der Haft fernzubleiben.

Das klingt vielleicht etwas besessen, aber mein Interesse an dem Fall Harvey Weinstein lässt sich nicht mit der Faszination vergleichen, die manch eine:r bei Serienmördern empfindet. Für mich wurde Weinstein so wichtig, weil er zu einem Gradmesser innerhalb der Debatte um sexualisierte Gewalt geworden ist. Harvey Weinstein ist der Fall Null der #MeToo-Bewegung. Seine Geschichte ist es, die alles in Rollen brachte, aber es ist auch die Geschichte, an der sich alle messen müssen. Sie hat zwar ermöglicht, dass auch nachfolgende Fälle diskutiert wurden, erschwert es aber gerade Betroffenen von weniger »schwerem« Missbrauch, wahr- und ernstgenommen zu werden.

Der Fall Null begann natürlich nicht im luftleeren Raum. Im Januar 2017, knapp zehn Monate, bevor Weinsteins Fall der breiten Öffentlichkeit bekannt wurde, demonstrierten Hunderttausende Frauen, Queers und, ja, auch ein paar Männer beim Women's March in Washington, DC. Anlass war die Amtseinführung von Donald Trump als Präsident der Vereinigten Staaten am Tag zuvor. Im Wahlkampf hatte die *Washington Post* ein altes Video von Donald Trump veröffentlicht, in dem der heute berühmt-berüchtigte Satz *Grab 'em by their pussy* zu hören ist. Doch Trumps Frauenfeindlichkeit spiegelt sich nicht nur in vulgären Sprüchen und politischen Absichten wider. Mehrere Frauen warfen ihm Belästigung und Übergriffe vor, Trump stritt alle Vorwürfe ab. Später, im Jahr 2023, wurde Trump in einem Fall in einem zivilrechtlichen Prozess wegen sexueller Nötigung zu einer Geldstrafe verurteilt.

Und dieser Mann war nun Präsident der USA geworden. Die Wut und das Entsetzen darüber trieben viele auf die Straße – zur vielleicht größten Demonstration der USA (die Zahlen der Teilnehmer:innen variieren je nach Quelle stark, weswegen nicht eindeutig ist, ob sie den Rekord gebrochen haben). Bis heute bekomme ich eine Gänsehaut, wenn ich mir Videos angucke, wie eine große Masse Menschen mit pinkfarbenen Mützen die Straßen rund um das Kapitol und entlang der National Mall verstopft. Wie sie ihre Schilder hochhalten, Parolen rufen und gemeinsam singen. Darunter zahlreiche Prominente wie Madonna, Lupita Nyong'o, Julia Roberts oder Alec Baldwin. Und nicht nur in Washington waren die sogenannten Pussy Hats unterwegs, auch in New York, Los Angeles, Paris, Frankfurt am Main oder Melbourne wurde demonstriert. Für all das, was Donald Trump in Frage stellte: Frauen- und Reproduktionsrechte, den Kampf gegen die Klimakrise und für Arbeitsrechte, Rechte für queere oder behinderte Menschen. Immer ging es auch um sexualisierte Gewalt.

In dieser kämpferischen Stimmung begann die Recherche zu den Vorwürfen gegen Weinstein. Ein Umstand, der wohl nicht unwesentlich zum Erfolg der Bewegung beigetragen hat. Denn wer weiß, wenn nicht Hunderttausende Menschen ge-

Women's March in Washington am 21. Januar 2017.

gen Sexismus auf die Straße gegangen wären, vielleicht wären dann nicht so viele Frauen bereit gewesen, ihre Erfahrungen mit der Presse zu teilen. Es gibt immer einen Kontext, der den Erfolg einer gesellschaftlichen Bewegung begünstigt oder erschwert. Und in diesem Fall standen die Zeichen definitiv auf Veränderung.

Im Oktober 2017 veröffentlichten die *New York Times* ihre Recherche zu Weinstein, fünf Tage später folgte die von Ronan Farrow im *New Yorker*. In beiden kamen Schauspieler:innen und ehemalige Mitarbeiter:innen zu Wort, die den Produzenten der sexualisierten Gewalt beschuldigten. Aus den zwei Recherchen wurden schnell mehr, neue Zeug:innen und Vorwürfe kamen hinzu. Bis heute sind 80 Frauen an die Öffentlichkeit gegangen, die Weinstein beschuldigen, sie belästigt oder vergewaltigt zu haben. Die Vorfälle sind teilweise 40 Jahre her, andere stammen aus der jüngsten Vergangenheit. Zu den Betroffenen zählen berühmte Schauspielerinnen wie Asia Argento, Gwyneth Paltrow, Angelina Jolie, Cara Delevingne oder Uma Thurman.

Und obwohl Weinsteins Fehlverhalten lange ein offenes Geheimnis in der Branche gewesen war und schon zuvor einzelne Frauen versucht hatten, gegen ihn vorzugehen, schien dieses Mal etwas anders zu sein. Es schien sich endlich etwas zu bewegen. Denn die Vorwürfe waren so schwerwiegend und die Betroffenen so zahlreich, dass nun niemand mehr wegschauen konnte. Hollywood wurde gezwungen, hinzusehen.

Harvey Weinstein gab zwar ein Fehlverhalten gegenüber Frauen zu, bestritt aber alle strafrechtlich relevanten Vorwürfe. Er wurde aus seiner Firma, der Weinstein Company entlassen und wenig später auch aus der Oscar-Academy ausgeschlossen. Und auch juristisch kam etwas in Rollen, denn viele der Vorwürfe waren verjährt, aber nicht alle.

Der erste Prozess in New York gegen Weinstein fand 2020 unter enormer medialer Aufmerksamkeit statt. Wochenlang versammelten sich Feminist:innen, Presse und Schaulustige vor dem Gerichtsgebäude. Verhandelt wurden die Vorwürfe von vier Frauen, die ihn beschuldigt hatten, sie zwischen 2004 und 2013 missbraucht zu haben, Weinstein wurde zu einer Haftstrafe von 23 Jahren verurteilt. 2023 endete dann ein zweiter Prozess in Los Angeles mit einer zusätzlichen 16-jährigen Haftstrafe für Weinstein.

Mittlerweile hat ein Berufungsgericht in New York das erste Urteil wegen Verfahrensfehlern für ungültig erklärt und damit der Berufung von Weinstein stattgegeben. Begründet wird das damit, dass es in dem Prozess zu Fehlern gekommen sei, nämlich dass bestimmte Zeuginnen zu gelassen wurden. Mit deren Aussagen sollte belegt werden, dass Weinsteins Verhalten einem Muster folgt, doch ihre Vorwürfe waren nicht Gegenstand des Verfahrens. Das wurde 2024 als nicht zulässig angesehen. Der Prozess soll im November 2024 wiederholt werden.

Trotz allem bleibt Weinstein der erste Täter, der im Kontext der #MeToo-Bewegung vor Gericht gelandet ist. Der erste Fall, der durch die Verurteilung vom Konjunktiv in den Indikativ geholt wurde. Weinstein soll nicht mutmaßlich Frauen missbraucht haben, Weinstein hat Frauen missbraucht. Er ist ein verurteilter Sexualstraftäter. Und das bleibt er auch, da das Urteil aus Los Angeles inklusive Haftstrafe bestehen bleibt. Diese Eindeutigkeit gibt es nur bei den wenigsten Geschichten. Die meisten verharren im Konjunktiv, bleiben Verdachtsmomente.

Kaum eine Recherche über sexualisierte Gewalt kommt ohne den Zusatz aus: »Die Vorwürfe sind nicht mit denen gegen Harvey Weinstein vergleichbar.« Denn fast nie gab es so viele Betroffene wie in diesem Fall. Fast nie gab es am Ende so viele Belege, Schilderungen, Zeug:innen und so ein eindeutiges Muster wie im Fall Harvey Weinstein. Und das macht es für die #MeToo-Bewegung so schwer. Denn sexuelle Übergriffe und Gewalt fangen nicht erst mit dem an, was Weinstein getan hat, sondern schon viel früher. Doch Weinstein scheint mit seinen gewalttätigen Übergriffen für viele eine Art Messlatte gesetzt zu haben, ab wann man #MeToo sagen darf.

Auch international hat der Fall für Debatten gesorgt. Das Hashtag #MeToo trendete in 85 verschiedenen Ländern bei Twitter, eine Zahl, die nur einen ersten Eindruck davon geben kann, welches Ausmaß die Bewegung angenommen hat. Wie viele Tweets und Posts in sozialen Medien seit Herbst 2017 mit dem Hashtag abgesetzt wurden, ist unmöglich zu beziffern. Doch in jedem Land hat #MeToo seine eigenen Fälle, Debatten und eine dazugehörige Vorgeschichte.

Auch in Deutschland gibt es eine Vorgeschichte zu #MeToo. Sie heißt #Aufschrei. Im Januar 2013 passierten drei Dinge ungefähr gleichzeitig: Maike Hank veröffentlichte im feministischen Blog *kleinerdrei* einen Text über sexuelle Belästigung im öffentlichen Raum, inspiriert von einem britischen Aufruf, eigene Erfahrungen zu teilen. Die Journalistin Laura Himmelreich veröffentlichte im *Stern* einen Text über den FDP-Politiker und damaligen Spitzenkandidaten für die Bundestagswahl Rainer Brüderle. Eigentlich wollte sie ein Porträt über den Liberalen schreiben, stattdessen beschrieb sie in »Der Herrenwitz«, wie Brüderle ihr gegenüber in einer Bar übergriffig geworden sei. Kurz zuvor hatte der *Spiegel* einen Text von Annett Meiritz über die Frauenfeindlichkeit in der Piratenpartei veröffentlicht.

Von diesen Texten angeregt, begannen immer mehr Frauen in den Kommentarspalten und bei Twitter, ihre Erfahrungen mit sexueller Belästigung und Übergriffen zu teilen. Anne Wizorek schlug den Hashtag #Aufschrei vor, um die Geschichten zu sammeln. Er setzte sich durch, Zehntausende Tweets wurden gepostet. Es war die erste feministische Twitteraktion in Deutschland und wurde im gleichen Jahr mit dem Grimme-Preis Spezial ausgezeichnet. In der Begründung der Jury hieß es: »Aus dem Netz wanderte das Thema zurück in die etablierten Medien und in die Politik, eine Wirkung, die zuvor noch kein Hashtag in Deutschland hatte.«

Das klingt groß. Doch wenn man heute recherchiert, welche Erfolge die Aktion hatte, findet man erst einmal gar nichts.

Es gab keine Gesetzesänderungen oder spürbar weniger sexuelle Belästigung im öffentlichen Raum. Dennoch wurde durch #Aufschrei das Thema Sexismus zum Gesprächsstoff. In Fernsehtalkshows, in Zeitungen und im Netz wurde diskutiert, wo Sexismus anfängt und wie man ihn bekämpft. Ich war damals Studentin, 22 Jahre alt, und verfolgte die Debatte vor allem über Twitter. Dass ich einmal Journalistin werden würde, konnte ich mir damals noch nicht vorstellen – sexistische Kommentare von Politiker:innen bei der Arbeit, wie Himmelreich und Meiritz sie beschrieben, hatten also wenig mit meinem Alltag zu tun. Doch viele Geschichten, die unter #Aufschrei geteilt wurden, nämlich was Frauen auf der Straße, in der Uni oder unter Bekannten erlebt hatten, kam mir nur allzu bekannt vor. Und damit kam die Erkenntnis, dass so vieles, das man im öffentlichen Raum erlebt, kein Teil unseres Alltags sein sollte.

Wie das mit Debatten so ist, ebbte auch diese irgendwann wieder ab. Aber das Thema Sexismus hatte fortan einen anderen Stellenwert in der deutschen Debattenkultur. Einige Jahre später kam dann die #MeToo-Diskussion in den USA auf. Bis sie wirklich nach Deutschland gelangte, dauerte es ein paar Monate. Im Januar 2018 veröffentlichte das *Zeit Magazin* eine Recherche, in der mehrere Frauen den Regisseur Dieter Wedel des sexuellen Missbrauchs und Nötigung beschuldigten. Auch der Name Wedel sagte mir nichts, als die Vorwürfe gegen ihn lautwurden. Die große Zeit des Regisseurs lag schon ein bisschen zurück, vor allem in den 1980er und 1990er Jahren hatte er sich mit Fernsehmehrteilern einen Namen gemacht.

In jener Zeit sollen auch die Übergriffe und Vergewaltigungen stattgefunden haben, weswegen bei der Veröffentlichung der Recherche die meisten schon verjährt waren. Nicht jedoch der Vorwurf der Schauspielerin Jany Tempel. Sie beschuldigte Wedel, sie 1996 in einem Münchner Luxushotel vergewaltigt zu haben, er stritt die Vorwürfe ab. Die Staatsanwaltschaft in München begann zu ermitteln. Und die zogen sich über Jahre hin. Selbst als eine Anklage vorlag, ließ das Landgericht sich Zeit.

Für Jany Tempel wurde die Situation immer schwerer erträglich. Sie stellte eine Anzeige wegen Verfahrensverschleppung und trat in den Hungerstreik, um das Gericht zu zwingen, endlich eine Entscheidung zu treffen. Nach 14 Tagen machte sie öffentlich, dass sie keine Kraft mehr habe, den Hungerstreik weiterzuführen. Das war am 14. Juli 2022. Was weder Jany Tempel noch die Öffentlichkeit zu diesem Zeitpunkt wusste: Dieter Wedel war einen Tag zuvor verstorben. Der Prozess fand also niemals statt, der Fall bleibt bis heute juristisch ungeklärt.

Deutschlands Fall Null ist also kein so eindeutiger wie der in den USA. Doch auch hierzulande gab es Verurteilungen im Zuge von #MeToo – nur haben die längst nicht so viel Aufmerksamkeit bekommen. Der vermutlich erste Fall ist Siegfried Mauser. Mauser ist Pianist, ehemaliger Rektor der Hochschule für Musik und Theater München sowie früherer Leiter der Musikabteilung der Bayerischen Akademie der Schönen Künste – und er ist auch ein mehrfach verurteilter Sexualstraftäter.

Die Professorin Christine Schornsheim, die gemeinsam mit Mauser an der Musikhochschule München tätig war, hatte das Verfahren in Gang gesetzt. Sie warf Mauser vor, sie 2009 in seinem Büro gewaltvoll bedrängt zu haben. In der Folge wurde Mauser rechtskräftig verurteilt, aber die Strafe wurde zur Bewährung ausgesetzt. Dann kamen weitere Vorwürfe hinzu.

Mauser wurde einer Vergewaltigung und dreifacher sexueller Nötigung beschuldigt. Von ersterem wurde er freigesprochen, aber im Oktober 2019 bestätigte der Bundesgerichtshof in Karlsruhe das vorherige Urteil des Landgerichts, das Mauser wegen sexueller Nötigung einer Sängerin zu einer Haftstrafe von zwei Jahren und neun Monaten verurteilt hatte.

Bis Mauser jedoch seine Haftstrafe antreten sollte, verging einige Zeit. Seine erste Aufforderung zum Haftantritt bekam er Ende 2019 – doch statt ins Gefängnis zu gehen, wechselte er seinen Wohnsitz und zog nach Salzburg. Die Münchner Staatsanwaltschaft beantragte einen europäischen Haftbefehl gegen den ehemaligen Professor. Da er aber auch eine österreichische Staatsbürgerschaft hat, konnte er nicht ausgeliefert werden. Stattdessen stellte er einen Antrag auf Übertragung der Strafvollstreckung nach Österreich. Und das war nur ein erster Versuch, eine Haftstrafe zu verzögern oder im Idealfall sogar zu umgehen. Immer wieder ließ er die Frist zum Haftantritt verstreichen, legte medizinische Stellungnahmen vor, die ihn von der Haft befreien sollten. Letztlich stellte ein medizinisches Gutachten seine Haftfähigkeit fest. Einen weiteren Termin ließ er verstreichen, doch Anfang Februar 2022 trat er seine Haft in Salzburg doch noch an. Ende 2023 wurde er vorzeitig wegen guter Führung entlassen.

Natürlich dürfen Verurteilte ihre rechtlichen Mittel zur Verteidigung nutzen. Und es ist auch wichtig, dass psychisch oder physisch erkrankte Menschen die Chance haben, einen Gefängnisaufenthalt zu verschieben oder zu umgehen. Doch es stellt sich die Frage, wer überhaupt die Macht und das nötige Geld dazu hat, um all diese Schritte zu gehen. Sollte ein juristisches System nicht besser davor geschützt werden, von einzelnen Mächtigen missbraucht zu werden?

Dass ein Täter versucht, seine Haftstrafe zu umgehen, ist das eine. Doch der Fall Mauser ist zudem ein Paradebeispiel dafür, wie kollektiver Täterschutz in Deutschland aussieht. Denn selbst als er letztinstanzlich verurteilt war, wollten viele Kunstschaffende in Deutschland nicht wahrhaben, was Mauser getan hatte. Sie feierten sein Lebenswerk dennoch in einer Festschrift, verharmlosten seine Taten und ließen die Betroffenen alleine. Die *Süddeutsche Zeitung* veröffentlichte nach der ersten Verurteilung unter der Überschrift »Münchens Kulturwelt ist entsetzt« einige Stellungnahmen aus der Branche zu Mauser. Darunter waren Beiträge namhafter Kulturschaffender, die sich in Täter-Opfer-Umkehr übten. So schrieb beispielsweise Hans Magnus Enzensberger von Frauen, die wie »tückische Tellerminen« seien und nur Rache nehmen wollen, weil ihre Karrieren nicht gefördert würden.

Uneindeutig, ohne Folgen und wenig Aufmerksamkeit: Die Aufarbeitung der beiden Begebenheiten, die hier als Fälle Null für Deutschland beschrieben werden, sind unter diesen Gesichtspunkten keine Erfolgsgeschichten von #MeToo. Doch in Deutschland fand die Debatte auch nicht zu Beginn ihren Höhepunkt, sondern vermutlich erst mit den Vorwürfen gegen Rammstein-Sänger Till Lindemann. Doch dazu später mehr. Klar ist, dass jeder Vorwurf und jede Geschichte die #MeToo-Debatte in irgendeiner Form geprägt haben. Auch die von Dieter Wedel und Siegfried Mauser. Denn es wurden zwar die Fälle aus den USA, dem Entstehungsland von #MeToo, auch in anderen Ländern diskutiert, doch letztlich führt jedes Land seine ganz eigene Debatte mit seinen eigenen Geschichten.

Wie die Debatte ihren Weg um die Welt gefunden hat, zeigte die digitale Karte »Me Too Rising« eindrücklich. Von Oktober 2017 bis April 2019 visualisierte sie für jeden Tag, an wel-

Screenshot der Website »Me Too Rising«, der die Suchtreffer für den 1. August 2018 zeigt.

chen Orten der Welt #MeToo am häufigsten gegoogelt wurde. Es beginnt Mitte Oktober mit fünf Städten in den USA und wandert dann von Land zu Land und wieder zurück.

Ein Jahr nach dem Aufkommen des Hashtags sind folgende Städte in den Top 5: Akola, Chandigarh, Badlapur, Madurai und Nashik. Es sind alles indische Städte, in denen am 12. Oktober 2018 am häufigsten #MeToo gegoogelt wurde. Und das ist kein Zufall. Denn es hatte zwar seine Zeit gedauert, doch dann kamen immer mehr Fälle in Indien an die Öffentlichkeit. Beschuldigt wurden Männer aus Film und Fernsehen, Bollywood-Schauspieler und Stand-Up-Comedians, aber auch Männer aus dem Journalismus und der Politik. Einer nach dem anderen bekam keine Auftritte mehr, musste seinen Job verlassen oder seinen Posten räumen. Es begann mit der Schauspielerin Tanushree Dutta, die ihren weltberühmten Schauspielkollegen Nana Patekar der sexuellen Belästigung beschuldigte. Er soll sie am Set begrapscht haben und, als sie sich wehrte, einen Mob von Männern auf sie gehetzt haben. Die Vorwürfe waren nicht neu, Tanushree Dutta hatte sie vor zehn Jahren schon einmal geäußert, damals war nichts passiert. Doch auf einmal hörten ihr die Menschen zu und sie brachte #MeToo mit ihrer Erzählung in die Bollywood-Welt. Patekar bestreitet die Vorwürfe, die polizeilichen Ermittlungen wurden wegen mangelnden Beweisen eingestellt.

Der Fall, der daraufhin am meisten Aufmerksamkeit bekam, war der des ehemaligen Staatsministers M. J. Akbar. Dutzende Frauen, vor allem Journalistinnen, beschuldigten ihn, über Jahre hinweg systematisch seine Macht missbraucht zu haben. Dabei ging es um Belästigung, in einem Fall auch um eine Vergewaltigung. Akbar stritt alle Vorwürfe ab, doch nach ein paar Tagen trat er zurück.

Indien hatte zuvor schon Protestbewegungen gegen sexualisierte Gewalt erlebt. Im Jahr 2012 waren unzählige Frauen im ganzen Land nach einer Gruppenvergewaltigung tagelang auf die Straße gegangen und brachten damit nicht nur das Thema an die Öffentlichkeit, sondern zwangen die Regierung, die Vergewaltigungsgesetze zu verschärfen. Dass #MeToo in Indien so eine große Wirkung hatte, ist trotz allem bemerkenswert. Die indische Schriftstellerin Sonia Faleiro schrieb 2018 in einem Kommentar im Magazin *Foreign Policy:* »In einem Land, in dem Väter die Regeln machen, Ehemänner sie durchsetzen und männliche Chefs sie wiederholen, war es immer schwierig, sich gegen jemanden auszusprechen, der vertraut ist. Die Konfrontation mit mächtigen Männern ist der Kern von MeToo auch in den USA. Aber in Indien gelten Männer nicht nur aufgrund der Jobs, die sie innehaben, als mächtig. Sie sind mächtig, weil sie Männer sind. Die Herausforderung für indische Frauen ist also deutlich größer.«

Demonstration gegen sexualisierte Gewalt im Dezember 2012 in Mumbai, Indien.

Auch in Schweden bekam #MeToo viel Aufmerksamkeit, obwohl die Debatte mit einem kontrovers diskutierten Fall begann. Die Schauspielerin und Radiomoderatorin Cissi Wallin postete am 17. Oktober 2017 ein Selfie bei Instagram mit der Bildunterschrift, dass Fredrik Virtanen sie 2006 unter Drogen gesetzt und vergewaltigt habe. Die Konsequenzen für den Post bekam aber nicht der bekannte Journalist Virtanen zu spüren, sondern sie selbst. Denn Virtanen verklagte sie wegen Verleumdung – und gewann. So etwas geschieht bei #MeToo-Vorwürfen immer wieder. Doch das Besondere an diesem Fall ist das schwedische Verleumdungsgesetz. Denn es besagt, dass eine Geschichte auch dann als verleumderisch angesehen werden kann, wenn sie wahr ist, aber kein ausreichendes öffentliches Interesse besteht. Anstatt also den Vorwurf zu untersuchen, kam ein Gericht zu dem Schluss, dass die mutmaßliche Vergewaltigung eine Privatsache sei. Ein hartes Urteil für die Bewegung, die doch für genau das Gegenteil kämpft, nämlich das Thema der sexualisierten Gewalt aus dem Privaten zu holen.

Doch obwohl #MeToo in Schweden mit einem herben Rückschlag begann, konnte die Bewegung dort Fuß fassen. Fälle aus unterschiedlichen Branchen wurden diskutiert: Aus der Theater- und Filmwelt, der Justiz, Armee, Medizin, aus dem Baugewerbe und dem Sport. Der Fall, der auch in Deutschland am meisten Aufmerksamkeit bekommen hat, ist der der Schwedischen Akademie, die den Nobelpreis für Literatur vergibt. Es ging dabei um Vorwürfe gegen den Kulturschaffenden Jean-Claude Arnault, dessen Frau Katarina Frostenson der Akademie angehörte. Dass ihm 18 Frauen sexuelle Übergriffe vorwarfen und eine Frau ihn auch der Vergewaltigung beschuldigte, spaltete die Akademie. Immer mehr Mitglieder traten zurück, und letztlich war die Jury nicht in der Lage, den Literaturnobelpreis im Jahr 2018 zu vergeben. Arnault wurde letztinstanzlich wegen Vergewaltigung zu einer Haft- und Geldstrafe verurteilt, mittlerweile ist er aus der Haft entlassen. Doch auch abgesehen von diesem prominenten Fall hat #MeToo für viel Aufruhr in dem skandinavischen Land gesorgt. Darum soll es auch später noch einmal gehen.

Dass gerade Indien und Schweden in diesem Kapitel auftauchen, liegt an der großen Aufmerksamkeit für die Bewegung in den jeweiligen Ländern. Genauso gut hätten hier aber auch Australien und Chile, Äthiopien oder Frankreich stehen können. Das globale Ausmaß von #MeToo ist so enorm, dass es nur über Beispiele erzählt werden kann.

Die Kritik

Die Welt ist eine andere seit Oktober 2017: Nichts darf man mehr sagen und vor allem nichts mehr tun. Zumindest als Mann. Selbst ein unschuldiges Kompliment gegenüber einer Kollegin kann einem zum Verhängnis werden. Und wer nach einer Partynacht eine Frau mit nach Hause nimmt, wacht am nächsten Morgen mit wildesten Beschuldigungen im Netz gegen sich auf. Das Ganze landet dann nicht vor Gericht. Nein, man wird einfach an den Online-Pranger gestellt, wo wütende Feminist:innen entscheiden, ob man nun gecancelt wird oder nicht. Aus Angst vor Falschbeschuldigungen macht man also lieber gar nichts mehr. Es ist das Ende der freien Sexualität. #MeToo hat sie abgeschafft.

Die hier beschriebene Welt hat nur wenig mit der Realität zu tun, doch schenkt man einigen Kritiker:innen von #MeToo Glauben, stehen wir kurz davor. Denn so groß die Wucht war, mit der #MeToo in die Welt gekommen ist, so groß war auch die Wucht der Angriffe, die aus verschiedenen Richtungen auf die Bewegung einprasselten.

Die schärfsten Attacken auf feministische Errungenschaften und Kämpfe kommen seit jeher von rechts. Rechtspopulist:innen und religiöse Fanatiker:innen schließen sich zusammen zu antifeministischen Gegenschlägen, denn für sie ist Gleichberechtigung kein demokratisches Grundrecht, sondern die Bedrohung ihrer »natürlichen Ordnung«, in der die Frau dem Mann zu unterstehen hat. Doch auch Gesetzgebungen, die Männer begünstigen, das Kürzen von Zuschüssen für feministische Vereine und Organisationen, Einschränkungen von sexueller Selbstbestimmung oder einzelne Gerichtsurteile können feministische Arbeit erschweren oder deren Erfolge rückgängig machen.

Bei #MeToo kam die Kritik auch noch von einer anderen Seite, nämlich von denen, die sich selbst als liberal verstehen. Von Tag eins an wurden in Meinungstexten der klassischen Medien, in Posts in sozialen Medien, in Talkrunden oder in offenen Briefen mal Detaileinwände, mal Grundsatzkritik an #MeToo geäußert. Dabei sprachen sich nur die allerwenigsten grundsätzlich gegen die Ziele der Bewegung aus. Aber seit das Hashtag um die Welt geht, also immer mehr Menschen ihre Erfahrungen mit sexualisierter Gewalt öffentlich machten, wachsen mit jedem Tag die Vorwürfe, was an #MeToo alles falsch sei. Für große Aufmerksamkeit sorgte 2018 beispielsweise ein offener Brief von prominenten französischen Frauen wie der Schauspielerin Catherine Deneuve, in dem sie vor einer »Säuberungswelle« und einem »totalitären Klima« infolge von #MeToo warnten.

Es ist nicht möglich, hier alle Kritikpunkte, die in den letzten Jahren an #MeToo geäußert wurden, aufzulisten, doch bestimmte Aspekte kommen immer wieder vor. Beispielsweise wird Betroffenen vorgeworfen, sie würden übertreiben, statt zu differenzieren, und plötzlich in allem einen Übergriff sehen. Von einem misslungenen Flirtversuch bis zur Vergewaltigung werde alles unter #MeToo subsumiert. Ein anderer Vorwurf lautet, dass die Bewegung Männer und Frauen in die Rollen des böswilligen Täters bzw. des unschuldigen Opfers dränge. Auch dass die Unschuldsvermutung ausgesetzt werde und ein virtueller Mob darüber befinde, ob jemand die Wahrheit spreche, wurde immer wieder thematisiert.

Kritiken dieser Art haben auch in Deutschland großen Raum bekommen. Besonders viel Aufmerksamkeit gab es in der Regel dann, wenn sie von einer Frau geäußert wurden. Vermutlich sahen sich dadurch viele Kritiker:innen bestätigt: Ha, seht mal, selbst eine Frau findet, ihr übertreibt mit eurem Geschlechterkampf.

So war es auch keine große Überraschung, dass die erste große Abrechnung mit der Bewegung in Deutschland von einer Frau stammte. Die Philosophin und Autorin Svenja Flaßpöhler veröffentlichte 2018 *Die potente Frau*. In der Streitschrift rechnet die Autorin radikal mit der Bewegung ab und unterstellt ihr, dass diese nicht nur »beklagenswert«, sondern auch »gefährlich« sei. Gefährlich, weil sie Frauen mehr schade als nütze. Schließlich würde #MeToo Männer pauschal vorverurteilen und Frauen in eine passive Opferrolle drängen. Wer #MeToo ins Netz schreibe, der begebe sich in eine passive, »der sexuellen Potenz des Mannes untergeordnete Position«. Und die pauschalen Beschuldigungen von Männern seien ein »extremer Sexismus von weiblicher Seite« aus. Weiter fordert Flaßpöhler, dass Mädchen und Frauen sich einfach wehren müssten, wenn sie etwas nicht wollten. Sie müssten aktiv beziehungsweise potent sein. Und das hätte auch keine negativen Folgen für sie, denn das Patriarchat sei längst überwunden.

Mit diesen nun wirklich steilen Thesen durfte Flaßpöhler dann von einem Medium zum nächsten ziehen. Saß in unzähligen Talkrunden in Fernsehen und Radios, wurde von privaten wie öffentlich-rechtlichen Medien immer wieder zu Interviews geladen. Es ist natürlich nichts daran auszusetzen, auch kritischen Stimmen einen Raum zu geben und ihre Vorwürfe zur Diskussion zu stellen. Kritik, auch grundlegende, ist wichtig, um eine Bewegung zu formen. Denn wie soll man Antworten finden, wenn keine Fragen aufgeworfen werden? Dennoch bleibt ein bitterer Beigeschmack.

Über die Motive der Kritiker:innen lässt sich oft nur spekulieren. Die Angst, dass sich am Status Quo etwas ändert und die eigene (Deutungs-)Macht gefährdet ist, spielt sicherlich eine Rolle dabei. Die Vorstellung, dass jahrhunderte- oder jahrzehntelang gelernte Kulturpraktiken wie Flirts sich verändern müssen, kann schwer zu akzeptieren sein. Einzusehen, dass man selbst Fehler gemacht hat, ist für manche unerträglich. Doch Kritik an der #MeToo-Szene kommt nicht nur von außen.

Tarana Burke selbst ist entsetzt, als sie eines Morgens im Oktober 2017 aufwacht und von dem Tweet Alyssa Milanos erfährt. Ihr erster Gedanke, so beschreibt sie es in ihrem Buch lautet: »Es wäre es ein Desaster, wenn das viral geht.« Sie hat Angst vor dem, was passieren könnte, wenn Tausende Erzählungen von sexualisierter Gewalt im Netz geteilt würden. Wie viel Empowerment würde darin noch stecken? Und wäre das Ganze nicht das Ende ihrer seit Jahren aufgebauten Arbeit, die Kindern of Color zugutekommen soll, wenn vorrangig weiße Frauen ihre Erlebnisse schildern?

Burkes schlimmste Befürchtungen werden wahr: #MeToo geht viral. Und schnell erweisen sich auch ihre Sorgen als berechtigt. Der eine oder die andere mag einen Erfahrungsbericht einer asiatischen, Schwarzen, queeren, behinderten, trans oder indigenen Person gehört haben, doch im Vergleich zu den Schilderungen von mächtigen, gesunden, reichen, weißen Frauen sind sie marginal geblieben. Letzteren Geschichten wird in der Dominanzgesellschaft mehr Gehör geschenkt. Und sie werden auch öfter erzählt, denn für alle anderen ist das Risiko noch größer, sagt Burke.

Dieser Fakt rüttelt an einer der Grundfesten der MeToo-Bewegung. *Believe women* (›Glaubt Frauen‹) oder auch *Believe the survivors* (›Glaubt den Überlebenden‹) sind zu wichtigen Slogans der Bewegung geworden, die weltweit von Aktivist:innen, Feminist:innen, aber auch dem US-Präsidenten Joe Biden mantraartig wiederholt werden. Die Slogans, über deren Bedeutung seit Jahren diskutiert wird, wurden allerdings oft missverstanden. Als wollten Feminist:innen damit sagen, dass Frauen niemals lügen. Das stimmt natürlich nicht.

Wenn eine Frau einen Übergriff erlebt, dann gibt es dafür in den allermeisten Fällen keine Zeug*innen – dafür sorgen die Täter*innen schon. Es gibt in der Regel also nur zwei Menschen, den Täter und das Opfer, die wirklich wissen, was passiert ist. (Doch selbst das ist nicht immer der Fall, z. B. wenn durch Alkohol oder Drogen Erinnerungen getrübt sind.) Es steht Aussage gegen Aussage. Geht eine Frau mit diesen Vorwürfen dann an die Öffentlichkeit oder wendet sich an eine der zuständigen Institutionen, schlägt ihr erst einmal Misstrauen entgegen. Und mehr noch: Oft werden ihr böse Absichten unterstellt, etwa dass sie mit ihren Vorwürfen selbst Bekanntheit erlangen möchte. Oder ihr wird eine Mitschuld gegeben, indem man unterstellt, dass sie mit ihrem Aussehen oder ihrem Auftreten den Täter herausgefordert habe. So läuft das im Patriarchat eben. *Believe women* soll daran etwas ändern. Der Slogan besagt: Es muss so nicht laufen. Wir könnten

MeTwo

- »Eine Freundin hat mich nie zu sich eingeladen, wir haben immer nur bei mir zuhause gespielt. Jahre später habe ich den Grund erfahren: Ihre Mutter wollte kein ›Ausländerkind‹ in ihrem Haus haben. #metwo« (@AlexSta_)
- »Meine Mutter, die während einer Geschäftsreise in einem Hotel auf dem Flur steht und die Frau, die zu ihr kommt und sagt ›sie können mein Zimmer jetzt gerne machen‹ #MeTwo« (@modekoerper)
- »nachdem Jungs in meiner Klasse mich wochenlang Affe genannt haben und ich meinem Lehrer es erzählt habe, sagt er: ich würde dich eher als Gorilla sehen #MeTwo« (@navasgeht)

Unter dem Hashtag #MeTwo teilen im Sommer 2018 Tausende Accounts auf Twitter rassistische Alltagserfahrungen aus ihrem Leben. Zu Beginn liegt der Schwerpunkt auf Ausgrenzung und Beleidigungen im Schulkontext, doch schnell werden die Geschichten vielfältiger. Ob in Universitäten, im Büro oder auf der Baustelle, bei der Wohnungssuche oder im Urlaub, auf der Straße, im Café oder Hotel: Die Erfahrungen verdeutlichen, dass es keine Orte gibt, die

es als Gesellschaft auch anders machen, indem wir Frauen und anderen Betroffenen sexualisierter Gewalt erst einmal Glauben schenken. Denn eine Unschuldsvermutung muss gesellschaftlich immer für beide Seiten gelten: den Beschuldigten und den Beschuldigenden.

Believe the survivors. Ein schöner Grundsatz. Doch es schließt sich automatisch die Frage an, wer damit eigentlich

frei von Rassismus sind. Und dass diese Form der Diskriminierung auf verschiedenen Wegen stattfindet, mal subtil, mal roh.
Ins Leben gerufen wurde der Hashtag vom Aktivisten Ali Can, kurz nachdem Mesut Özil aus der deutschen Fußball-Nationalmannschaft ausgetreten war. Als Gründe nannte der Profifußballer Rassismus im DFB sowie in der gesamten deutschen Gesellschaft. In einem Videostatement, in dem er sich mit der Kritik an seinem gemeinsamen Foto mit dem türkischen Präsidenten Recep Tayyip Erdoğan auseinandersetzte, hatte er zuvor gesagt: »Ich habe zwei Herzen, ein deutsches und ein türkisches.« Auf diese zwei Herzen, zwei Herkünfte oder zwei Identitäten möchte auch Ali Can mit #MeTwo anspielen.
Die Ähnlichkeit zu #MeToo ist dabei natürlich kein Zufall. Der Hashtag soll eine Anlehnung an die feministische Bewegung sein. Und das ergibt Sinn, denn die beiden Hashtags verbindet nicht nur ein ähnlicher Klang. Wie bei sexualisierter Gewalt geht es bei rassistischen Alltagserfahrungen um eine Form des Machtmissbrauchs. Die Aktionen zeigen, dass Erlebnisse im Privaten und Alltäglichen eine politische und strukturelle Dimension haben.

gemeint ist. Wem wird geglaubt und wem nicht? Zählt die Erfahrung und die Stimme einer migrantischen Putzkraft genau so viel wie die einer weißen Hollywood-Schauspielerin? Bis heute dominieren die Geschichten von privilegierten weißen Frauen die Debatte. Und bis heute entscheiden auch Sympathien für die mutmaßlichen Opfer und Täter, wem wir Glauben schenken.

Dabei kommt es auch immer wieder zu strukturellen Ausschlüssen. Nach dem terroristischen Angriff der Hamas auf Israel am 7. Oktober 2023 hatten es die Überlebenden sexualisierter Gewalt schwer, mit ihren Geschichten durchzudringen. Die weltweit größte Frauenorganisation, UN Women, ließ 50 Tage verstreichen bis sie sich überhaupt äußerte, und verurteilte den Angriff in ihrer Stellungnahme auch nicht eindeutig. Die israelischen Frauen fühlten sich alleingelassen und versuchten, mit den Kampagnen *BelieveIsraeliWomen* und *Me too unless you're a Jew* auf die fehlende Solidarität aufmerksam zu machen.

Aus linker Perspektive wird häufiger auch der neoliberale Ansatz der Bewegung kritisiert. Eine Bewegung, die sich schon im Namen auf das *Me*, also das ›Ich‹ konzentriert, droht zur Vereinzelung und Entpolitisierung zu führen. Denn ohne dass einzelne Frauen ihren Schmerz kundtun, kann #MeToo nicht funktionieren. Und wenn eine einzelne Frau gegen ein System aufsteht, wer kann da schon gewinnen? Alicia Garza, Mitbegründerin von *Black Lives Matter*, hat diesen Vorwurf immer wieder entkräftet. Denn #MeToo soll zunächst die Einzelne stärken, damit sie dann aus der gemeinsamen Bewegung Kraft schöpft. Viele Ichs für ein Wir. Patriarchale Gewalt baue auf der Scham und dem Schweigen der Betroffenen auf – und das Lautwerden jeder Einzelnen könne daran rütteln.

Nicht jede Kritik ist ein Backlash. Im besten Fall entstehen durch die Kritikpunkte Diskussionen und es werden erste Antworten gefunden, wie wir als Gesellschaft mit geschlechtsspezifischer Gewalt umgehen wollen. Doch leider scheint es einigen nicht um eine Auseinandersetzung zu gehen, sondern eher darum, die Bewegung zu diskreditieren. Denn wenn vorrangig Konservative in Kolumnen, Talkshows oder auf Podien sagen, die Bewegung gehe ihnen zu weit und gleiche einem Online-Pranger, sich aber ansonsten nie zum Thema der sexualisierten Gewalt äußern, scheint ihnen die Bekämpfung dieses Missstands kein Anliegen zu sein.

Zwar läuft bei #MeToo vieles falsch. Die Bewegung ist jung und chaotisch, natürlich gibt es Fehler und Versäumnisse. Doch das heißt nicht, dass es sich nicht lohnt, für sie zu kämpfen. Auch die US-amerikanische Politikwissenschaftlerin Wendy Brown argumentiert ähnlich wie Flaßpöhler, dass #MeToo dazu neige, Männer als aggressiv und Frauen als passiv darzustellen. Ein Umstand, der Frauen die politische Handlungsfähigkeit abspreche. Und es stimmt, dass wir mit solchen Narrativen stereotype Geschlechterrollen fortschreiben. Zuschreibungen, die wir als progressive Gesellschaft eigentlich aufbrechen wollen. Das ist ein Problem, darüber müssen wir reden. Aber die Folge kann nicht sein, dass nicht mehr über Grenzüberschreitungen gesprochen wird, sondern dass ein besserer Weg gefunden werden muss. Wer nur sagt, #MeToo ist der falsche Ansatz, und die Existenz des Patriarchats leugnet, bringt auch keine konstruktiven Vorschläge, wie wir den Missstand beheben können.

Wenn ich Freund:innen oder Kolleg:innen frage, ob sie #MeToo für einen Erfolg halten, bekomme ich nur selten eine eindeutige Antwort. Manche empören sich darüber, dass sie so viele Gerüchte kennen, die nie durch die Presse recherchiert wurden oder vor Gericht landen. Oder sie erzählen von ihrem Onkel, der noch immer die Körper der weiblichen Familienmitglieder kommentiert und seine Hände an Orte legt, wo sie nicht hingehören. Andere freuen sich, dass es an ihrem Arbeitsplatz auf einmal Vertrauenspersonen gibt oder dass die Tür des Chefs bei Zweiergesprächen nicht mehr geschlossen wird. Oft geht es auch um Weinstein, Rammstein oder den Berliner Kulturbetrieb. Es sind persönliche Erfahrungen und öffentlich verhandelte Fälle, die sie miteinander abwägen. Und je nachdem, welche Erfolge oder Rückschläge ihnen im Gedächtnis geblieben sind, fällt ihr Urteil entsprechend aus.

Doch ganz unabhängig davon, wie man den Erfolg von #MeToo einschätzt, ein Fall kommt eigentlich immer zur Sprache: der Gerichtsprozess zwischen Amber Heard und Johnny Depp. Der Prozess war für mehrere Wochen in bestimmten Kreisen das Gesprächsthema Nummer 1. In der Presse, von der *New York Times* über den *Guardian* bis zur *Frankfurter Allgemeinen Zeitung,* hieß es einstimmig: Dieses Verfahren ist der Tod der #MeToo-Bewegung. Aber was war passiert?

Die beiden Schauspieler:innen Heard und Depp hatten sich 2009 bei den Dreharbeiten von *The Rum Diary* kennengelernt. Kurz darauf wurden sie ein Liebespaar. 2015 heirateten sie, im Jahr darauf folgte die Trennung und schließlich die Scheidung. Im Zuge dessen warf Heard Depp vor, sie unter dem Einfluss von Alkohol und Drogen missbraucht zu haben. Er stritt alle Vorwürfe ab, aber sie erwirkte vor Gericht eine einstweilige Verfügung, dass er sich ihr nicht mehr nähern dürfe. Der Fall ist juristisch ungeklärt, doch ein Gericht in London entschied 2020, dass es ausreichend Indizien gibt, die rechtfertigen, dass *The Sun* Depp als »Frauenschläger« bezeichnen darf.

Zuvor hatte Depp das Boulevardblatt wegen Verleumdung verklagt. Dass er den Prozess verlor, hielt ihn nicht davon ab, es noch ein zweites Mal zu versuchen. Dieses Mal klagte er aber in den USA, und zwar nicht gegen ein Medium, sondern direkt gegen seine Ex-Frau. Amber Heard hatte 2018 einen Text in der *Washington Post* veröffentlicht, in dem sie sich als Opfer häuslicher Gewalt bezeichnete. Der Name Johnny Depp taucht im Text nicht auf, trotzdem war klar, auf wen sie anspielte. Depp sah seine Karriere durch den Text massiv geschädigt, schließlich habe er Amber Heard niemals Gewalt angetan, also reichte er Klage ein. Sie konterte mit einer Gegenklage, um sich gegen den Vorwurf zu wehren, sie sei eine Lügnerin. Der Fall kam vor Gericht und lag nun in den Händen einer Jury in Fairfax, Virginia. Sie musste entscheiden: Hatte Johnny Depp seine Frau geschlagen oder sogar vergewaltigt? Oder hatte sie sich das alles nur ausgedacht? Waren die Auseinandersetzungen zwischen den beiden noch normale Beziehungsstreits oder schon schwerwiegende häusliche Gewalt? Ist es glaubhaft, dass eine Frau, die vergewaltigt wurde, so klar vor Gericht sprechen kann? Wer lügt? Wer sagt die Wahrheit?

Der Prozess wurde zu einem Riesenspektakel von solch einem Ausmaß, dass ein Vergleich mit dem Mordprozess gegen den Sportler O. J. Simpson 1995 nicht abwegig ist. Schon vor dem ersten Prozesstag im Mai 2022 hatten sich Menschenmassen vor dem Gerichtsgebäude in Fairfax versammelt. Videos und Fotos von dem Tag zeigen vor allem Mädchen und Frauen, bewaffnet mit Kameras, *Fluch-der-Karibik*-Shirts und Plakaten. Sie waren gekommen, um ihren Star Johnny Depp zu sehen oder sogar ein Autogramm zu bekommen. Um Material zu sammeln, das sie später im Netz verbreiten können, oder um einen Platz im Gerichtssaal zu ergattern. Aber nicht nur wer stundenlang Schlange gestanden hatte, sondern auch all diejenigen, die zuhause auf der Couch geblieben waren, konnten letztlich Platz nehmen im Fairfax County Courthouse, denn der Prozess wurde komplett live im Netz gestreamt.

Das ist ungewöhnlich für eine Verhandlung, in der es um häusliche und sexualisierte Gewalt geht. Doch das Anwaltsteam von Johnny Depp hatte es sich so gewünscht und damit den ersten Schritt getan, um aus dem Verleumdungsprozess eine Art Beliebtheitswettbewerb zu machen. Und wer den gewinnen sollte, wurde schnell klar.

Im Prozess erzählte Amber Heard, wie sich Depps Charakter unter Einfluss von Alkohol und Drogen verändere. Wie aggressiv er werde, wie er sie geschlagen, manipuliert, kontrolliert und missbraucht habe. Videoaufnahmen zeigen, wie er betrunken scheinbar wahllos Küchenschränke zuschlägt, und Tonaufnahmen belegen, wie die beiden sich gegenseitig anschreien. Auch Fotos, wie Depp mit einem Eisbecher in der Hand einschläft oder von Wunden, die Heard aus gewalttätigen Auseinandersetzungen davongetragen haben soll, werden gezeigt. Am eindeutigsten sind wohl aber Textnachrichten Depps, die im Prozess vorgelesen werden. Darin schreibt er einem Schauspielkollegen, dass er Heard ertränken, verbrennen und anschließend vergewaltigen wolle.

Seine Anwälte warfen ihr vor, die Gewalt zu erfinden und öffentliche Auftritte mit Wunden zu inszenieren, um ihre Schauspielkarriere voranzutreiben. Eine von Depps Anwält:innen beauftragte Psychologin unterstellte ihr eine psychische Erkrankung sowie egozentrisches und manipulatives Verhalten und legte nahe, dass Menschen mit diesem Krankheitsbild auch manchmal Übergriffe erfänden. Das Anwaltsteam kam zu dem Schluss, dass Heard die eigentliche Täterin sei, die erst gegenüber ihrem Mann gewalttätig sei und dann versuche, ihn mit Beschuldigungen zu zerstören. Während sein Anwaltsteam mit allen Mitteln angriff, hielt Depp selbst sich vor Gericht zurück. Auf Nachfragen reagierte er souverän und schlagfertig, oft auch charmant oder mit Humor. Er nutzte den Gerichtssaal wie eine Bühne.

All die Befragungen von Heard, Depp und den anderen Zeug:innen wie auch die Präsentation der Beweise gingen im Internet viral. 200 Stunden Livestream wurden insgesamt gesendet. In sozialen Medien wurden Details aus dem Prozess diskutiert und Verschwörungserzählungen weiterverbreitet; mit Memes und Videos wurde Stimmung gemacht. Sogar eine Kosmetikfirma – deren Schminkpalette im Prozess als Beweisstück herhalten sollte – mischte sich auf TikTok ein. Und obwohl die Vorwürfe gegen Depp gravierend und die Belege vielfältig sind, dominieren bei TikTok, Instagram und YouTube diejenigen, die Depp verteidigen. Zwar hat Heard einige Fürsprecher:innen, doch in den meisten Videos und Memes wird sich über sie lustig gemacht, sie wird beleidigt oder bedroht.

Und der Prozess liefert ausreichend absurdes Material für Spott im Netz. Da geht es mal um mit Blut geschriebene Nachrichten, einen »Megapint Rotwein« oder darum, dass Johnny Depp seine Ex-Frau seit Jahren nicht mehr angeschaut habe – auch im gesamten Prozess blickt er demonstrativ an ihr vorbei. Ein Höhepunkt des Skurrilen ist ein Haufen Kot auf dem gemeinsamen Bett, auf seiner Bettseite wohlgemerkt. Depp wirft seiner Ex-Frau vor, der Haufen stamme von ihr. Sie schiebt es auf die Verdauungsprobleme des Hundes.

Nach gut sechs Wochen Prozess fällte die Jury ein Urteil. Sie gab Johnny Depp in den meisten Punkten Recht, Amber Heard in nur wenigen. Die Jury sprach ihr lediglich zwei Millionen US-Dollar Schadenersatz zu, ihm jedoch 15 Millionen. Und auch die Presse kam zu einem eindeutigen Schluss.

Heute ist klar, dass dieses Urteil nicht der Tod von #MeToo, aber durchaus ein großer Rückschlag war. Denn auch sieben Jahre nach dem Aufkommen der feministischen Bewegung

Victim Blaming

Warum hatte sie auch so einen kurzen Rock an?
Wieso war sie überhaupt so spät noch auf den Straßen unterwegs? Hat sie sich gewehrt? Oder konnte sie das nicht mehr, weil sie so betrunken war? Wieso hat sie denn nicht die Polizei gerufen? Bestimmt hatte sie ihm zuvor eindeutige Signale gemacht. Also, mir ist sowas noch nie passiert.
All das sind typische Sätze, die *Victim Blaming* betreiben. Gemeint ist damit, dass dem Opfer die Verantwortung für die Tat zugeschoben wird anstatt dem Täter: Zu Deutsch sagt man auch Täter-Opfer-Umkehr. Diese Manipulationsstrategie wird in verschiedenen Zusammenhängen genutzt, besonders häufig allerdings im Bereich der sexualisierten Gewalt. Ob in Kommentarspalten der sozialen Medien, in

stand für die Leute von vornherein fest: Ihm kann man vertrauen und sie lügt. Sich als Frau gegen geschlechtsspezifische Gewalt zu wehren, ist noch immer ein Ding der Unmöglichkeit – auch oder gerade, wenn die halbe Welt dabei zuschaut. Denn von Johnny Depps Unschuld waren die meisten schon lange vor dem Urteil überzeugt. Für sie blieb er der etwas dusselige, aber liebevolle Piratenkapitän Jack Sparrow. Unvorstellbar, dass dieser charmante und gutaussehende Schauspieler ein Gewalttäter sein soll. Dass Amber Heard dagegen eine unglaubwürdige und rachsüchtige Frau ist, der es nur um ihre Karriere geht, stand für viele außer Frage. Und das trotz der Videos und Textnachrichten, die seine Neigung zur Aggressivität belegen.

Medien oder als Technik bei Gerichtsverhandlungen: *Victim Blaming* findet überall statt.
Aber warum? Manchmal wird das *Blaming* gezielt eingesetzt, um dem Opfer zu schaden und den Täter zu schützen. Beispielsweise versuchen Rechtsanwält:innen auf diesem Weg, ihre Klient:innen zu verteidigen. Doch immer wieder wird die Strategie gar nicht gezielt, sondern versehentlich genutzt, beispielsweise aus mangelndem Wissen und Verständnis gegenüber Gewaltdynamiken oder verinnerlichten diskriminierenden Stereotypen.
Für Betroffene ist *Victim Blaming* – egal ob bewusst oder unbewusst genutzt – auf doppelte Weise schlimm: Sie sind nicht nur Opfer geworden, sondern es wird ihnen auch noch vorgeworfen, eine (Mit-)Schuld daran zu tragen. Die Folge ist, dass sich viele nicht trauen, über ihre Erlebnisse zu sprechen oder nach Hilfe zu fragen.

Der Prozess und die Reaktionen darauf sind ein Lehrstück in Misogynie, in dem Vergewaltigungsmythen und *Victim Blaming* gleichermaßen zum Zuge kommen. Und die Auswirkungen reichen weit über die Strafzahlungen hinaus. Denn nicht nur juristisch, auch gesellschaftlich ist Johnny Depp als Sieger und Amber Heard als Verliererin aus dem Prozess hervorgegangen. Während er nur kurze Zeit nach Ende des Prozesses Standing Ovations beim Filmfestival in Cannes bekommt, verlässt sie Hollywood, zieht nach Spanien und hat seitdem keine große Rolle mehr bekommen. Es bleibt das Bild einer »hysterischen«, manipulativen Lügnerin auf der einen Seite und auf der anderen Seite das des charmanten Schauspielers, der sich Gerechtigkeit erkämpft hat.

Es dauert nicht lange, bis im Netz Amber Heard als Inbegriff der lügenden Frau angeführt wird. Wenn irgendwo Vorwürfe kursieren, verweist schnell einer auf Heard, die ihre Vorwürfe der häuslichen und sexualisierten Gewalt ja auch nur erfunden habe. Der Fall wird also genutzt, um grundsätzlich die Glaubwürdigkeit von Frauen in Frage zu stellen. Das Credo von #MeToo, *Believe the Survivors*, soll anhand ihrer Person widerlegt werden.

Vermutlich ist der Umgang mit dem Prozess für viele Betroffene eine Warnung gewesen, bloß nicht mit den eigenen Erfahrungen an die Öffentlichkeit zu gehen. Denn sie haben ja gesehen, was passieren kann. Wer keine bombensicheren Beweise hat, wird am Ende womöglich selbst wegen Verleumdung verurteilt.

Selbstredend sind die meisten Betroffenen nicht so berühmt wie die beiden Hollywood-Stars. Ihr Prozess würde nicht so viel Aufmerksamkeit bekommen wie dieser. Doch die Gesellschaft hat allen Betroffenen gezeigt, wie schwer sie es ihnen macht – gerade wenn das Opfer nicht unfehlbar ist. Denn auch Amber Heard hatte Wutausbrüche, ist übergriffig geworden und hat gelogen. Im Zuge der Scheidung hatte sie 7 Millionen US-Dollar von Depp bekommen, von denen sie später behauptete, sie gespendet zu haben. Im Prozess kam heraus, dass das nicht stimmte. Nichts davon legt zwar nahe, dass sie auch die Vorwürfe gegen Depp erfunden hat, aber für viele reichte das, um Heard keine Solidarität und Mitgefühl entgegenzubringen. Einigen diente dieses Wissen gar als Rechtfertigung, um Heard durch den Dreck zu ziehen.

Das Anwaltsteam von Depp nutzte all das, um Heards Glaubwürdigkeit in Frage zu stellen. Und die Lautesten im Netz zogen mit. Sie unterstellten Heard zu lügen, Fotos gefälscht und sich Verletzungen selbst zugefügt zu haben. Wenn sie vor Gericht nicht weinte, erschien sie wenig glaubhaft. Wenn sie doch weinte, galt sie als Schauspielerin oder psychisch Erkrankte. Es war eigentlich unerheblich, was sie tat – Amber Heard konnte diesen Prozess nur verlieren. Und das haben auch andere Betroffene gesehen. Dass auch sieben Jahre nach #MeToo die Welt noch eine ist, die Täter schützt und Opfer verhöhnt. Als hätte sich gar nichts verändert.

Der Staat

Für viele Journalist:innen gibt es bestimmte Recherchen, die ihnen nicht mehr aus dem Kopf gehen. Selbst wenn sie inhaltlich abgeschlossen sind und man keinen Kontakt mehr zu den Protagonist:innen und Zeug:innen hat, lassen die Geschichten einen nicht mehr los. In meinem Fall ist es die Geschichte von Nina Fuchs. Eine junge Frau, die in einer Partynacht vergewaltigt wird – und obwohl mutmaßliche Täter ermittelt werden, passiert nichts. Das Ganze ist mittlerweile über ein Jahrzehnt her. Bis heute kämpft sie dafür, dass es wenigstens einen Prozess gibt.

Im Frühjahr 2013 war Nina Fuchs mit Freund:innen in München unterwegs. Es sollte einfach ein lustiger Abend werden. Sie tranken, feierten, tanzten in einem Club und lernten neue Leute kennen. Daran kann Fuchs sich noch erinnern, danach ist alles schwarz. Ihre Erinnerungen setzen erst wieder ein, als sie im Park liegt, zwei Männer über ihr, ihre Unterhose hängt ihr zwischen den Beinen. Sie ist benommen und kann sich nicht wehren.

Am nächsten Tag erstattet sie Anzeige und gibt zu Protokoll: eine Vergewaltigung unter Einfluss von K.-o.-Tropfen. Die Mittel können nicht mehr nachgewiesen werden, aber die

DNA-Spur eines Täters wird gesichert. Der Weg zur Polizei hatte Fuchs Überwindung gekostet, ihre Schwester hatte sie überzeugt, Anzeige zu erstatten.

90 Minuten lang dauerte die Befragung auf der Polizeistation. Es folgte eine Tatortbegehung und eine rechtsmedizinische Untersuchung mit Blut- und Urinprobe. Bei meiner Recherche für die *taz* im Jahr 2020 erzählte Nina Fuchs mir: »Die untersuchen jeden Millimeter deines Körpers, jede einzelne Körperöffnung, und überall werden Proben genommen, es war wirklich unangenehm.« Ein paar Tage später geht sie wieder zur Polizei mit einem möglichen Beweismittel. In ihrer Handtasche hat sie eine Sonnenbrille gefunden, die ihr nicht gehört. Sie wird erneut befragt.

Dann passiert erst einmal lange nichts mehr, bis sich fünf Jahre später die Staatsanwaltschaft bei Fuchs meldet: Mithilfe der DNA wurde ein möglicher Täter gefunden. Doch das Verfahren wird nach Monaten wieder eingestellt, die Staatsanwältin begründet das mit den Erinnerungslücken von Nina Fuchs. Die versucht, sich mit ihrem Anwalt zu wehren, und setzt auf ein Klageerzwingungsverfahren. Aber ohne Erfolg.

Der Fall hat vor ein paar Jahren Schlagzeilen gemacht, viele Medien berichteten. Nina Fuchs reichte eine Online-Petition mit über 90 000 Unterschriften bei der Generalstaatsanwaltschaft ein. An ihrer Situation hat sich trotzdem nicht viel verändert. Beim Versuch, einen Prozess gegen den mutmaßlichen Täter zu erzwingen, ist sie bis vors Bundesverfassungsgericht gezogen. Sie sah durch die Einstellungen der Ermittlungen ihre Grundrechte verletzt. Die Richter:innen waren anderer Meinung. Nun versucht sie es vor dem Europäischen Gerichtshof für Menschenrechte – und wartet auf dessen Entscheidung. Und das seit Juli 2021.

Als ich den Fall von Nina Fuchs vor einigen Jahren nachrecherchierte, war ich abwechselnd wütend und desillusioniert. Wie kann es sein, dass eine Frau vergewaltigt und ein mutmaßlicher Täter identifiziert wird – und es trotz allem nie zu einem Prozess kommt? Um auf diese Frage eine Antwort zu finden, habe ich mit einem Kriminologen, einem Kommissar und einem Opferhilfeverein gesprochen. Denn der Fall von Nina Fuchs ist kein Einzelfall: Im Schnitt führt in Deutschland nur 1 von 100 Vergewaltigungen zu einer Verurteilung. Doch woran liegt das?

Eine häufige Unterstellung der Gesellschaft, aber auch vor Gericht ist, dass ein Großteil der Frauen einfach lügt. Stichwort: Falschbeschuldigung. Wann immer eine Frau einen Übergriff öffentlich macht, schlägt ihr reflexhaft Misstrauen entgegen. Und sicherlich gibt es Frauen, die Übergriffe erfinden, aber das ist nur ein winziger Bruchteil. Wie hoch der Anteil der Falschbeschuldigungen ist, lässt sich schwer sagen. Studien unterschiedlicher Länder kommen zu verschiedenen Ergebnissen – doch bei allen liegen sie im einstelligen Prozentbereich. Eine europaweite Studie, in der je 100 Fälle aus 33 Ländern untersucht wurden, kommt zu dem Schluss, dass 3 Prozent aller Beschuldigungen falsch seien. Doch bei all diesen Studien wurde nur das Hellfeld, also die angezeigten Fälle untersucht.

Und das entspricht nur einem Bruchteil der Vorfälle. Laut der bislang größten Dunkelfeldstudie »Sicherheit und Kriminalität in Deutschland 2020«, durchgeführt vom BKA, erstatten gut 90 Prozent der Betroffenen bei sexuellem Missbrauch oder Vergewaltigung keine Anzeige. Meistens, weil sie den Täter gut kennen, nicht selten ist es ihr (Ex-)Partner, Vater, Freund oder Bekannter. Menschen, deren Leben sie nicht »zerstören« wollen. Auch Scham und Angst vor Retraumatisierung spielen eine große Rolle. Denn wenn erst einmal eine Anzeige gestellt ist, müssen sich die Betroffenen oft traumatischen Prozessen, stundenlangen Befragungen und Untersuchungen sowie unsensiblen Beamt:innen aussetzen.

Da es bei Vergewaltigungsfällen oft keine Zeug:innen gibt, ist die Glaubwürdigkeit der Betroffenen enorm wichtig. Doch bei Polizei und Justiz spielen noch immer Vergewaltigungsmythen eine große Rolle. Also Vorstellungen davon, wie ein »echtes« Opfer sich zu verhalten habe. Dazu gehört etwa, dass das Opfer sofort nach der Tat Anzeige erstattet, dass die Vergewaltigung körperliche Spuren auf dem Körper hinterlassen haben muss, dass die Betroffene sich vom Täter trennt und danach ein trauriges und sexfreies Leben führt. Verbreitet ist die Unterstellung, dass Frauen nur Anzeige erstatten, um sich an ihrem (Ex-)Freund zu rächen oder Aufmerksamkeit zu bekommen. Oder dass die Frau durch ihre Kleidung, ihren Alkoholkonsum oder ihr Auftreten generell ja signalisiert habe, Lust auf Sex zu haben, und es sich deswegen nicht um eine Vergewaltigung handeln könne. Der Rock zu kurz, der Alkohol zu reichlich, der Ausschnitt zu tief: Wer kennt die Vorwürfe nicht?

Auch für Nina Fuchs waren die Begegnungen mit der Polizei schwer. Sie erzählte mir damals: »Im Nachhinein waren die Befragungen durch die Polizei für mich das Traumatisierendste an dem gesamten Prozess. Ich hatte durchgehend das Gefühl, dass mir nicht geglaubt wird, und habe wirklich null Empathie gespürt.« Ausführliche Gespräche mit Rückfragen und detaillierte Untersuchungen sind für die Ermittlungen der Polizei unerlässlich. Doch es gibt Möglichkeiten, diese angenehmer für die Betroffenen zu gestalten, und die werden noch längst nicht überall ausgeschöpft. Eine einfache Verbesserungsmöglichkeit wären Erstvernehmungen, die per Videokamera aufgezeichnet werden. Denn das sichert die Geschichte und die Glaubwürdigkeit der Betroffenen. Diese müssten das Erlebte nicht immer wieder wiederholen, und die Richter:innen müssten nicht auf trockene Protokolle einer Beamt:in zurückgreifen, sondern hätten Zugriff auf die Schilderungen der Betroffenen selbst. Denn wie gesagt: Es geht in diesen Prozessen viel um Glaubwürdigkeit.

Die Vergewaltigung von Nina Fuchs liegt mittlerweile über zehn Jahre zurück, die Ermittlungen haben vor #MeToo stattgefunden. Wäre die Bewegung ein Erfolg gewesen, müssten doch jetzt irgendwelche Verbesserungen sichtbar sein. Müssten die Straftaten nicht deutlich weniger werden?

Wer herausfinden möchte, ob Machtmissbrauch und Übergriffe nach #MeToo zu- oder abgenommen haben, blickt erstmal auf einen Wust aus Zahlen. Denn #MeToo ist keine klar umrissene Straftat. Moralische Fehltritte werden darunter ebenso gefasst wie leichte oder schwerwiegende Straftaten. Die Vorfälle reichen von sexistischen Beleidigungen über anzügliches Hinterherpfeifen, Verschicken von Dickpics, Belästigung, Nötigung und Grabschen hin zu Vergewaltigungen, Zwangsprostitution und Femiziden, also dem Töten von Frauen.

Die Anzahl der Opfer häuslicher Gewalt – und in diesem Bereich sind die meisten Fälle der sexualisierten Gewalt zu verzeichnen – ist seit 2018 deutlich gestiegen und liegt mittlerweile bei knapp 250 000 angezeigten Fällen pro Jahr. Aber auch die jährlich vom BKA veröffentlichten Zahlen zu Vergewaltigungen und sexueller Nötigung sind von 2018 bis 2022 von 9234 erfassten Fällen auf 11 896 gestiegen. Und diese Zahlen sind nur das Hellfeld, Schätzungen nach ist das Dunkelfeld um ein Vielfaches größer.

Dass die Zahlen steigen, hat viele Gründe. Expert:innen gehen davon aus, dass sowohl das 2016 neu eingeführte Sexualstrafrecht »Nein heißt Nein« als auch #MeToo die Anzeigenbereitschaft der Betroffenen erhöht hat. Schließlich war das ein großes Ziel der Bewegung: Niemand soll sich mehr schämen, über das zu sprechen, was passiert ist. Die Familienrechtlerin Asha Hedayati geht allerdings davon aus, dass die Zahlen nicht nur steigen, weil mehr Betroffene bereit sind, Anzeige zu erstatten, sondern weil auch die Gewalt zunimmt. In ihrem Buch *Stille Gewalt: Wie der Staat Frauen alleinlässt* (2023) argumentiert sie, dass mit der fortschreitenden Emanzipation der Frauen auch die Gewalt gegen sie ansteige. Denn Männer würden sich durch den Verlust von Privilegien und Macht bedroht fühlen. Diesen Backlash beobachtet Hedayati bei ihrer Arbeit immer wieder: Wenn ihre Klientinnen in ihren Partnerschaften und ihrem Alltag selbstbestimmter entscheiden, reagieren ihre (Ehe-)Männer oft mit noch mehr Gewalt. Sie ist ihr Mittel gegen den vermeintlichen Kontrollverlust.

Andere Expert:innen verweisen in ihrer Argumentation auf die Corona-Pandemie, in der Betroffene aufgrund der strengen Kontaktbeschränkungen nur wenige Möglichkeiten hatten, einem gewalttätigen Partner zu entkommen. Doch auch nach dem Ende der Corona-Regeln sind die Zahlen weiter gestiegen. Der russische Angriffskrieg auf die Ukraine oder die hohe Inflation – also eine allgemeine Krisensituation und persönliche Sorgen – werden als weitere Gründe angeführt.

Fakt ist, dass Deutschlands Politik und Justiz wenig tun, um Frauen zu schützen. Und ja, das lässt sich so pauschal sagen. Denn Recht und Rechtsprechung sind noch immer von männlichen Sichtweisen geprägt, Betroffene werden schlicht im Stich gelassen. Beweise hierfür könnten eine ganze Reihe von Büchern füllen.

Um das Versagen des Staates festzustellen, reicht ein Blick auf den Umgang mit der sogenannten Istanbul-Konvention (IK), die wenig mit Istanbul zu tun hat. Der völkerrechtliche Vertrag heißt lediglich so, weil er 2011 vom Europarat in der türkischen Stadt verabschiedet wurde. Hinter der IK verbirgt sich eine Übereinkunft »zur Verhütung und Bekämpfung von Gewalt gegen Frauen und häuslicher Gewalt«. Grundsätzlich verpflichten sich alle unterzeichnenden Staaten, die Gleichstellung der Geschlechter zur Staatsangelegenheit zu machen. Konkret enthalten sind 81 Artikel mit Bestimmungen für Behörden und Institutionen, wie sie Frauen und Kinder schützen können.

In Deutschland gilt die Konvention seit dem 1. Februar 2018. Würde der Staat alles umsetzen, was sie vorschreibt, sähe die Situation in Deutschland schon um einiges besser aus. Es gäbe beispielsweise genügend Schutzeinrichtungen oder psychologische und finanzielle Unterstützung für Gewaltbetroffene. Aber bis heute ist die Konvention nicht umgesetzt – wohlgemerkt nicht nur in Deutschland, sondern auch in allen anderen Ländern, die sie ratifiziert haben, nicht. Das geht aus dem ersten Bericht aus dem Jahr 2022 von GREVIO hervor, einer unabhängigen Expert:innengruppe, die die Umsetzung der Konvention überwacht. Für Deutschland sieht sie »gravierende Defizite«, es fehle an gut 15 000 Frauenhausplätzen, zudem müsse das Umgangs- und Sorgerecht besser gehandhabt werden, um Frauen und Kinder zu schützen. Besonders gefährlich sei die Lage in Deutschland für Frauen und Mädchen in Unterkünften für Geflüchtete. Die Liste der Versäumnisse Deutschlands ließe sich diesbezüglich noch deutlich verlängern.

Die Kommission aus Expert:innen kommt zu dem Schluss, dass »negative geschlechtsspezifische Stereotype und Haltungen der Täter-Opfer-Umkehr in der deutschen Justiz fortzubestehen scheinen«. Das können Hedayati und Christina Clemm, ebenso Familienrechtsanwältin und Buchautorin aus Berlin, bestätigen. Sie schreiben in ihren Büchern nicht nur von überforderten Beamt:innen und Anwält:innen, sondern auch von Richtern, die bei Aussagen zu sexualisierter Gewalt lachen oder Betroffenen anscheinend genüsslich über ihr Sexleben ausfragen. Immer wieder erleben sie, dass Justizbeamte schlicht kein Interesse daran haben, den Betroffenen zu helfen. Clemm schreibt in *Gegen Frauenhass*: »Ich kann die Einstellungsbescheide der Staatsanwaltschaften nicht mehr zählen, die Verfahren, in denen sich nicht die Mühe gemacht wurde, richtig zu ermitteln, Argumente zu hinterfragen, genau hinzusehen.« Denn es fehle an Ressourcen, und am bequemsten für die Ermittlungsbehörden sei es nun einmal, auf eine Aussage-gegen-Aussage-Situation zu verweisen und den Fall damit zu den Akten zu legen.

Dass sie nicht ernstgenommen und benachteiligt werden, zieht sich für Gewaltbetroffene vor dem Gesetz und in der Rechtsprechung durch. Das zeigt sich auch im Umgang mit der höchsten Form der Gewalt: dem Töten. Feminist:innen fordern schon lange, dass geschlechtsspezifisches Töten, sogenannte Femizide, als eigener Straftatbestand in Deutschland behandelt werden. Bislang erfolglos. Wenn ein Mann seine (Ex-)Frau tötet, gilt das je nach Fall entweder als Mord oder Totschlag. Perfide ist, dass die Rechtsprechung es schon als strafmildernd gewertet hat, wenn die Tötung aus Rache, beispielsweise nach einem Betrug oder einer Trennung, stattgefunden hat.

Andere sexistische und diskriminierende Vorstellungen spielen vor Gericht natürlich ebenfalls eine Rolle: So wird einer weißen, normschönen Frau eher Glauben geschenkt als anderen. Wer dick ist, dem wird vor Gericht weniger geglaubt. Deswegen ist die Wahrscheinlichkeit, dass dicke Menschen, die Opfer von sexualisierter Gewalt werden, Anzeige erstatten, deutlich geringer. Das schreibt Aubrey Gordon in ihrem Buch *What We Don't Talk About When We Talk About Fat* (2020).

In Italien sorgte vor ein paar Jahren ein Fall für Aufsehen, in dem ein Berufungsgericht zu dem Schluss kam, eine junge Peruanerin könne nicht vergewaltigt worden sein, weil sie »zu männlich« und zu »wenig attraktiv« aussehe. Dabei spielten also Rassismus und genderstereotype Schönheitsvorstellungen eine Rolle. Die Urteilsbegründung hatte in Italien zu einer großen Empörungswelle und einer Reihe von Demonstrationen geführt. Denn diese Begründung mag ein Extremfall sein, doch seit dem Aufkommen von #MeToo haben viele Frauen von ähnlichen Erfahrungen berichtet, dass ihnen aufgrund ihres wenig normschönen Aussehens nicht geglaubt wurde.

Clemm vertritt seit fast 30 Jahren Opfer von sexistischer, geschlechtsspezifischer und anderer diskriminierender Form von Gewalt. Sie kennt das Recht und das Justizsystem, das bis heute alle »anderen« benachteiligt. Umso dramatischer ist es, wie sie in ihrem Buch erzählt, dass sie nicht weiß, ob sie Betroffenen von Gewalt dazu raten kann, Anzeige zu erstatten.

Wirkliche Veränderungen im juristischen Sinne hat es in Deutschland seit #MeToo nicht gegeben. Sicherlich hat die Bewegung die Rechtsprechung in dem einen oder anderen Fall beeinflusst, aber mehr auch nicht. Die letzte Änderung des Sexualstrafrechts gab es in Deutschland kurz vor #MeToo mit dem »Nein heißt Nein«-Gesetz 2016 – diese Verschärfung war zwar der Istanbul-Konvention geschuldet, wurde aber auch eine Reaktion auf die Kölner Silvesternacht 2015, in der es zu zahlreichen sexuellen Übergriffen größtenteils von migrantischen Männern gekommen war. Das Beispiel zeigt, dass der Staat oft erst dann reagiert, wenn die Täter scheinbar »Fremde« sind.

In anderen Ländern wie Griechenland, Finnland, Spanien oder Dänemark gab es seit #MeToo weitreichende Gesetzesänderungen, damit Täter leichter verurteilt werden können. In den vier beispielhaft genannten Ländern gilt Sex ohne Zustimmung nun als Vergewaltigung. Das heißt: Auch ohne Gewaltanwendung, auch wenn die Frau betrunken war, einen kurzen Rock trug und freiwillig mit dem Täter nach Hause gegangen ist, auch wenn sie nicht klar »Nein« gesagt oder sich gewehrt hat, zählt es als Vergewaltigung. Denn nur »Ja heißt Ja«.

Auch in Schweden trat solch eine Gesetzesänderung im Mai 2018 in Kraft, Feminist:innen hatten jahrelang dafür gekämpft, die #MeToo-Bewegung hatte dann den letzten Anstoß gegeben. Im Jahr 2020 ergab die erste Auswertung des Gesetzes, dass die Änderung zu deutlich mehr Verteilungen geführt hatte. Im Februar 2024 sollte der Strafbestand der Vergewaltigung in der gesamten EU vereinheitlicht werden. »Ja heißt Ja« sollte überall gelten, so der Vorschlag der EU-Kommission und des Parlamentes. Doch Frankreich und Deutschland blockierten das Vorhaben.

Für Betroffene sexualisierter Gewalt kann die Verurteilung eine Art Schlussstrich sein. Eine Möglichkeit, mit der Tat abzuschließen und zu versuchen, weiter ein normales Leben zu führen. Verurteilungen, gerade von prominenten Menschen, können eine Signalwirkung haben – sie können anderen das

Außergerichtliche Einigungen

Prozesse sind teuer: Nicht nur die Anwält:innen müssen bezahlt werden, sondern außerdem Gerichtsgebühren sowie verschiedene Auslagen, beispielsweise für Dolmetscher:innen oder Dokumente. Und Prozesse sind langwierig und belastend: Nicht nur für die oder den Angeklagten, sondern bei vielen Fällen ebenso für die Zeug:innen und (Neben)-Kläger:innen. Deswegen setzen viele sowohl im Straf- als auch im Zivilrecht auf außergerichtliche Einigungen. Immer wieder kommen sie bei Vorwürfen von geschlechtsspezifischer Gewalt zum Einsatz.
Bevor Harvey Weinstein sich 2020 in einem ersten Strafprozess in New York verantworten musste, hatte er sich mit Dutzenden Schauspielerinnen und ehemaligen Mitarbeiterinnen außergerichtlich geeinigt, um Zivilprozesse zu umgehen. Sie bekamen 25 Millionen US-Dollar, die sie untereinander aufteilen mussten. Zahlen musste in diesem Fall nicht Weinstein privat, sondern die Versicherungen hinter dem bankrotten Filmstudio »The Weinstein Company«. Und das Beste für Weinstein war: Er musste in diesen Fällen keine Schuld eingestehen, während die Frauen mit ihrer Unterschrift festhielten, dass sie mit diesen Vorwürfen nicht mehr juristisch gegen ihn vorgehen durften.

Gefühl geben, dass ihre Geschichten durchaus gehört und ihnen Glauben geschenkt werden kann.

Auch deswegen war der 24. Februar 2020 ein Meilenstein für die #MeToo-Bewegung. Harvey Weinstein, dessen Fall alles ins Rollen gebracht hatte, wurde schuldig gesprochen. Seit

Nicht nur in den USA, auch in Deutschland kommen solche Deals zustande. Ab Ende Mai 2024 stand Tennisprofi Alexander Zverev wegen Körperverletzung gegenüber seiner Ex-Freundin vor Gericht, er soll sie gewürgt haben. Zverev wurde zu einer Geldstrafe verurteilt, gegen die er Einspruch erhob, weswegen es zum Prozess kam. Dieser fand unter großer medialer Aufmerksamkeit statt, was auch daran lag, dass Zverev zeitgleich sehr erfolgreich bei den French Open spielte. Doch am dritten Prozesstag war überraschend Schluss, alle Seiten hatten sich außerhalb geeinigt. Mit dem Ergebnis, dass Zverev eine Geldauflage zahlen muss, aber juristisch als unschuldig gilt.
Eine Win-Win-Situation, heißt es nach solchen Einigungen häufig. Schließlich bekämen die mutmaßlich Betroffenen Geld, der mutmaßliche Täter gelte weiter als unschuldig und beiden bleibe der Prozess erspart. Doch so verständlich es ist, dass sich einzelne Menschen auf diese Deals einlassen, so fatal ist das Signal für die Gesellschaft. Denn ohne Prozess bleibt auch die öffentliche Aufklärung der Vorgänge aus. Und es wird das Narrativ transportiert: Wer genug Geld hat, kann sich von Vorwürfen einfach freikaufen. Wie häufig solche außergerichtlichen Einigungen vorkommen, lässt sich nicht beziffern.

Anfang Januar stand er vor Gericht, wenige Wochen später hatte die Jury ihre Entscheidung getroffen und sprach ihn in zwei von fünf Anklagepunkten schuldig: Vergewaltigung und sexuelle Nötigung. Bis das Strafmaß verkündet wurde, sollte es zwar noch ein paar Tage dauern, doch an diesem Tag stand fest: Harvey Weinstein ist ein verurteilter Sexualstraftäter, und er muss ins Gefängnis. Für viele Feminist:innen weltweit ein Grund zu feiern.

Die Schauspielerin Rose McGowan schrieb am selben Tag auf Twitter: »Heute ist ein bedeutungsvoller Tag und ein großer Fortschritt bei unserer kollektiven Heilung.« Einen Tag später versammelten sich die sogenannten Silence-Breakers, also die Frauen, die das ›Schweigen gebrochen‹ und öffentlich Vorwürfe gegen Weinstein erhoben hatten, vor dem New Yorker Gericht und feierten das Urteil. »Das Urteil ist ein Triumph für Überlebende überall«, sagte Sarah Ann Masse vor dem Gericht ins Mikrofon. »Das Urteil wird die Geschichte verändern«, sagte Lauren O'Connor.

Auf einer emotionalen Ebene sind diese Reaktionen verständlich. Nach Jahrzehnten des Machtmissbrauchs und der sexualisierten Gewalt musste Harvey Weinstein endlich die Konsequenzen für sein Handeln tragen. Das Urteil war der erste Beweis, dass Macht und Geld einen nicht vor allem schützen können. Weinstein war der erste Mann, der infolge des Aufkommens von #MeToo wegen sexualisierter Gewalt verurteilt wurde. Auch deswegen galt der Prozess als Stresstest für die Bewegung, das Urteil wurde dementsprechend global gefeiert. Auch ich schrieb damals in einem Kommentar für die *taz*, dass die Verurteilung ein »Sieg für alle Frauen« sei, »die nicht aussagen konnten und wollten, weil ihre Fälle verjährt sind oder es zu außergerichtlichen Einigungen gekommen war. Ein Sieg im Kampf gegen sexualisierte Gewalt.« Dementsprechend groß war bei vielen die Enttäuschung, als das Urteil im Jahr 2024 für ungültig erklärt wurde. Zwar bleibt Weinstein ein verurteilter Sexualstraftäter, doch die große Signalwirkung von damals wurde definitiv geschwächt.

Aber generell stellt sich die Frage: Sollten wir uns als Feminist:innen darüber freuen, wenn Männer wie Weinstein verurteilt werden? Ist das das Ziel von #MeToo: Möglichst viele Männer hinter Gitter bringen?

Das fragt sich auch die Philosophin Amia Srinivasan in ihrem Buch *Das Recht auf Sex. Feminismus im 21. Jahrhundert* (dt. 2022) und verweist dort auf eine Widersprüchlichkeit. Wie kann eine Feministin einerseits das patriarchale Strafsystem kritisieren und andererseits auf ebendieses System pochen und fordern, dass ein Vergewaltigter angeklagt, verurteilt und weggesperrt wird?

Eine Politik, die mit Polizeiarbeit, Strafverfolgung und Inhaftierung Geschlechtergerechtigkeit herbeiführen will, wird auch »karzeraler Feminismus« genannt. Den Begriff prägte 2007 zuerst die Soziologin Elizabeth Bernstein in einem Essay, Srinivasan übernimmt ihn in ihrer Argumentation. Die meisten Länder verfolgen diesen Ansatz, wenn es um häusliche Gewalt oder Vergewaltigung geht. Dabei kratzt man damit, wenn überhaupt, nur an der Oberfläche des Problems. Srinivasan schreibt: »Ein Feminismus, der die Bestrafung gewaltbereiter Männer als sein oberstes Ziel betrachtet, wird nie ein Feminismus sein, der allen Frauen Freiheit bringt, denn er verstellt den Blick auf das, was die Mehrheit der Frauen unfrei macht.«

Was sie damit meint: Gefängnisstrafen für einzelne gehen nicht die Ursache der Probleme an: Frauen- und Queerfeindlichkeit, Rassismus, Ableismus oder Armut. Stattdessen wird mit Haftstrafen ein System fortgeschrieben, in dem weiße, privilegierte Menschen besser behandelt werden als andere. Ein System, das auf Ungleichheit aufbaut. Auch das ist ein Grund, warum BIPoC oder anders benachteiligte Frauen seltener Anzeige erstatten als weiße Frauen. Sie wissen, dass sie im juristischen System strukturell schlechter behandelt werden, dass ihnen weniger geglaubt wird. Gleiches gilt für die mutmaßlichen Täter:innen. Wie sollen Schwarze Frauen mit diesem Wissen im Kampf gegen sexualisierte Gewalt auf diese Institutionen vertrauen?

Mit diesem grundlegenden Misstrauen musste sich auch Tarana Burke auseinandersetzen, als sie sich an der Kampagne #MuteRKelly beteiligte. Dem Schwarzen R'n'B-Sänger wurde seit den 1990er Jahren von verschiedenen Frauen Missbrauch vorgeworfen, seiner Karriere tat das lange keinen Abbruch. Er verkaufte weiter Shows aus und wurde im Radio rauf und runter gespielt. Erst die sechsstündige Lifetime-Dokuserie *Surviving R Kelly*, in der die Vorwürfe behandelt werden und viele Betroffene zu Wort kommen, brachte 2019 wieder Bewegung in die Sache. Die Vorwürfe wogen schwer: Kelly soll mit Hilfe von Mitarbeiter:innen Frauen, Mädchen und Jungen missbraucht und ausgebeutet haben. R. Kelly stritt alle darin erhobenen Vorwürfe ab, doch es wurde ein Strafverfahren eröffnet, Radiosender und Labels distanzierten sich. Im Sommer 2022 wurde R. Kelly in Chicago schuldig gesprochen, jahrelang Minderjährige sexuell missbraucht und bei den Übergriffen gefilmt zu haben. Seit 2024 verbüßt er seine 31-jährige Haftstrafe.

Burke äußerte sich in dieser Zeit immer wieder öffentlich zu R. Kelly und rief dazu auf, sich mit den Kindern und Frauen zu solidarisieren, die seit einem knappen Vierteljahrhundert zu Kellys Opfern zählen. Dafür wurde sie vor allem von Schwarzen Männern kritisiert, wie sie in ihrem Buch erzählt. Und sie konnte deren Wut verstehen. Denn gerade für eine Schwarze Aktivistin stellt sich die Frage, inwiefern man sich mit einem rassistischen Justizsystem gemein macht, wenn man juristische Konsequenzen für ein sexistisches Verhalten fordert, so falsch und grausam dieses Verhalten auch war.

Es ist ein Widerspruch, der sich in dem System, in dem wir leben, nur schwer umgehen lässt. Doch die Forderung einiger, Polizei und Justiz noch mehr Macht zu geben, kann nicht die Lösung sein. Diesen Wunsch kritisiert auch Hedayati, die als Anwältin ja selbst Teil des juristischen Systems ist. Sie fordert stattdessen mehr Ressourcen, die in die Prävention fließen müssen, damit es gar nicht erst zum Äußersten kommt. Denn diesbezüglich ist sich die Forschung sicher: Die Gewalt beginnt nicht mit dem Femizid oder der Vergewaltigung, sondern schon viel früher. Meist mit verbaler Gewalt. Und ab dem Punkt gilt es dann auch einzugreifen, um das Schlimmste zu verhindern.

Doch was, wenn es schon um Äußersten gekommen ist? Sollten wir dann einfach gar nichts tun und gewalttätige Männer ungestraft weitermachen lassen? Natürlich nicht! Alternativen zu einem karzeralen Vorgehen werden (vor allem) in linken Kreisen schon lange gefordert und ausprobiert. Unter Schlagworten wie *Transformative Justice* und *Restorative Justice* wurden Konzepte erarbeitet, in denen Gewalt nicht mit Gewalt bekämpft wird.

Das Grundprinzip von Ersterem ist, dass der Täter nicht angezeigt und bestraft wird, sondern sich mit seinen Taten auseinandersetzt, sie reflektiert und ausgehend davon sein Verhalten ändert. Wenn die Betroffene dazu bereit ist, können sie ins Gespräch gehen und selbstbestimmt Wünsche äußern, wie dieser Prozess vonstattengehen soll. Das ist ein Prozess, der begleitet werden muss, in den das Umfeld miteinbezogen wird und der über Jahre andauern kann. Auch das Prinzip der *Restorative Justice* setzt auf Wiedergutmachung und stellt die

Bedürfnisse der Betroffenen in den Vordergrund. Der Unterschied der beiden Konzepte liegt darin, dass *Restorative Justice* für die Betroffene den Zustand vor der Tat wiederherstellen möchte, während *Transformative Justice* auch diesen verbessern möchte.

Die Interventionen können ganz unterschiedlich ausfallen – und natürlich können auch sie scheitern. In Fällen wie beim linken Festival »Monis Rache« fiel das Fazit negativ aus: Nachdem ein Mann auf Dixi-Klos heimlich voyeuristische Videos aufgenommen und bei Pornoplattformen hochgeladen hatte, verzichtete die Festival-Crew darauf, den Täter anzuzeigen. Sie wollte lieber auf *Transformative Justice* setzen. Doch der Versuch misslang und die Crew machte später öffentlich, dass ihr Vorgehen letztlich dazu geführt hatte, dass alle Beweismittel vernichtet, der Täter geschützt und die Opfer alleingelassen wurden.

Auch die Anwältin Christina Clemm schreibt in ihrem Buch, dass sie Prozesse solcher Art schon begleitet und oft erlebt habe, dass am Ende Betroffene Räume verlassen müssten, während die Täter bleiben könnten. *Transformative* und *Restorative Justice* können trotz allem ein Gegenentwurf sein. Sicher müssen die Vorgehensweisen weiter ausprobiert und spezifiziert werden. Im Kleinen finden solche Verfahren auch im deutschen Justizsystem statt, etwa beim sogenannten Täter-Opfer-Ausgleich. Gemeint ist damit ein außergerichtliches Verfahren, das auf Aufarbeitung und Wiedergutmachung statt auf Bestrafung setzt. Voraussetzung ist, dass beide Parteien dazu bereit sind, in ihren Rollen als Täter und Opfer mithilfe von Mediator:innen zu kommunizieren. Das kann im direkten Gespräch oder, wenn das Opfer das nicht möchte, auch schriftlich stattfinden. Die Betroffene soll so ihre Gefühle formulieren,

Ängste abbauen und (materielle) Wiedergutmachung erhalten können, und der Täter bekommt Gelegenheit, seine Taten zu reflektieren und sich zu entschuldigen. Der Täter-Opfer-Ausgleich ersetzt in Deutschland keinen Prozess, aber kommt er zu einem positiven Ende, kann das vor Gericht strafmildernd sein.

Doch nur in den wenigsten Fällen sind Täter dazu bereit, ihre Schuld anzuerkennen und sich an einem solchen Prozess zu beteiligen. Was also bleibt den Betroffenen übrig? Die Verantwortung, für ein neues und besseres System zu kämpfen, kann nicht allein auf ihren Schultern liegen. Einfach nicht zur Polizei gehen, keine Anzeige zu erstatten und gar nichts tun sind auch keine Alternativen.

Denn natürlich ist eine Welt ohne Frauenhäuser und ohne Polizei wünschenswert. Aber solange die Alternativen nicht da sind und wir in den bestehenden Strukturen leben, muss wenigstens dafür gesorgt werden, dass es genügend Schutzräume gibt und die Beamt:innen bei der Polizei und vor Gericht sensibilisiert sind.

Die Presse

Journalismus-Filme stecken in der Regel voller Klischees. Die Journalist:innen sind meist griesgrämige Menschen, die eigentlich die ganze Zeit nur rauchen, trinken und fluchen. Ihr Job hat wenig mit Büro- und sehr viel mit Detektivarbeit zu tun, bei der man oft durch dunkle Flure rennen muss. Wenn ich solche Filme gucke, träume ich heimlich auch davon, wie ich als Kettenraucherin mit meinen Recherchen die Welt erschüttere. Aber bei *She Said,* der Verfilmung der *New-York-Times*-Recherche von Megan Twohey und Jodi Kantor zu Harvey Weinstein, ist das anders. Die Regisseurin Maria Schrader setzt auf eine ruhige Inszenierung ohne explizite Gewalt- und Missbrauchsszenen oder dramatische Effekte, Weinstein kommt nur als Randfigur vor. Hier wird zwar auch mal gerannt oder geflucht, doch verglichen mit anderen Filmen des Genres zeigt er ziemlich realistisch, wie investigative Recherche im Bereich der sexualisierten Gewalt funktioniert. Also: dass es ganz schön harte Arbeit ist, für die man dann am Ende mit Hasskommentaren im Netz belohnt wird.

Am Anfang hat Jodi (Zoe Kazan) nicht mehr als ein Gerücht. Die Schauspielerin Rose McGowan hatte von missbräuchlichem Verhalten eines Regisseurs getwittert, jedoch ohne seinen Namen zu nennen. Doch in der Branche scheint allen klar, um wen es geht, die Vorwürfe gegen Weinstein sind ein offenes Geheimnis. Mit Jodi reden möchte trotzdem erst einmal niemand. Doch sie klemmt sich dahinter, lässt sich nicht abwimmeln. Ihre Kollegin Megan (Carey Mulligan), die auch schon Vorwürfe gegen den damaligen Präsidentschaftskandidaten Donald Trump recherchiert hat, unterstützt sie bei den Recherchen. Nach einigen Wochen haben sie einen recht guten Überblick über die ersten Vorwürfe und erkennen ein Muster: Weinstein lädt Schauspielerinnen, Models und andere junge Frauen zu vermeintlichen Geschäftstreffen in sein Hotelzimmer ein. Dort belästigt, missbraucht und vergewaltigt er sie. Er macht ihnen klar: Wenn ihr je darüber sprecht, ist eure Karriere zu Ende.

Doch obwohl Jodi und Megan viel wissen, können sie nichts davon aufschreiben. Sie haben keine zitierfähigen Aussagen, alle reden nur vertraulich mit ihnen. Die meisten der Frauen haben eine Geheimhaltungsvereinbarung unterschrieben. Die beiden Journalistinnen haben keine Beweise, und dann finden sie auch noch heraus, dass Ronan Farrow für den *New Yorker* an der gleichen Geschichte arbeitet. Der Druck wird höher, auch weil Weinstein früh von der Recherche erfährt und seine Anwält:innen auf die Journalistinnen ansetzt. Betroffene sagen den beiden: Ihr seid nicht die ersten, die an dieser Geschichte gescheitert sind. *»He kills it everytime.«*

Die Zuschauer:innen sehen, wie Jodi und Megan immer wieder verschiedene Menschen aus der Branche anrufen und unangekündigt vor Haustüren stehen, die ihnen nicht selten vor der Nase zugeschlagen werden. Wie sie durch die USA und Großbritannien reisen und sogar moralische Grundsätze brechen, um ihrem Ziel näherzukommen. Doch immer wieder holen sie sich eine Abfuhr. Monate vergehen und langsam macht auch der Chefredakteur klar: Da muss jetzt bald was kommen. Jodi sagt irgendwann zu Megan: »Ich habe so Angst, dass wir dieses ganze Wissen, das wir jetzt haben, mit ins Grab nehmen müssen.«

Doch irgendwann, nach viel harter Arbeit, gelangen sie an vertrauliche Dokumente, einen ersten schriftlichen Beweis, und zwei Frauen gehen *on the record*, sind also bereit, mit ihren Namen im Text aufzutauchen. Der Chef gibt sein Go, die *New York Times* konfrontiert Weinstein und dann fehlt nur noch der kleinste Teil: Das Schreiben der Geschichte. Nach monatelanger Recherche brauchen sie nur wenige Tage, um das Ganze in ein Dokument zu tippen. Und dann endet der Film mit einem »Klick«: einem Mausklick auf den Button »veröffentlichen«.

She Said zeigt, dass Verdachtsberichterstattung weniger lässiges Detektivtum ist als hartnäckiges Informationensammeln, Beweisesuchen und Abwägen, ob es eine Geschichte gibt, die die Öffentlichkeit etwas angeht und die sie gut belegen können. Immer mit dem Wissen im Hinterkopf: Vielleicht ist alles für die Tonne.

Denn in der Realität landet ein Großteil der Recherchen genau dort, weil immer ein entscheidendes Detail zur Veröffentlichung fehlt. Die Zeug:in zieht zurück, die Belege sind verschwunden, die angedrohten Klagen schüchtern Journalist:innen ein. Oder es fehlt an Geld, Zeit und Kapazitäten, um den Vorwürfen gründlich nachzugehen. Wie viele Fälle in irgendwelchen Schubladen von Journalist:innen liegen, lässt sich unmöglich beziffern. Nach Gesprächen mit verschiedenen Kolleg:innen über ihre erfolglosen Recherchen oder mit Betroffenen, die ihre Geschichten erzählen wollen, lässt sich nur sagen:

Es gibt viele, sehr, sehr viele Geschichten, die in irgendwelchen Schubladen liegen.

Verdachtsberichterstattung über sexualisierte Gewalt gab es auch schon vor der Weinstein-Recherche. Doch seit #MeToo hat sie zugenommen, in den USA, aber auch international. In Deutschland erschien die erste #MeToo-Recherche im Januar 2018. Damals veröffentlichte das *Zeit Magazin* den Text »Im Zwielicht« von Jana Simon und Annabel Wahba. Darin warfen mehrere Schauspielerinnen und ehemalige Mitarbeiterinnen dem Regisseur Dieter Wedel gewalttätige und sexuelle Übergriffe bis hin zu sexueller Nötigung und Vergewaltigung vor. Wedel stritt alle Vorwürfe ab. Mit dieser Geschichte kam #MeToo nach Deutschland und mit ihr die Debatte um die Rechtmäßigkeit solcher Recherchen.

Der Text hatte Folgen, nicht nur für Wedel, sondern auch für Jany Tempel, eine der Schauspielerinnen, die Wedel im Text einer Vergewaltigung beschuldigten. Denn ihre Aussage hatte juristische Konsequenzen, die niemand vorhergesehen hatte. In »Im Zwielicht« hieß es, dass alle Taten, die Wedel vorgeworfen werden, verjährt seien. Davon war auch Tempel ausgegangen, als sie beschlossen hatte, *on the record* zu gehen. Doch nach der Veröffentlichung stellte sich das als Irrtum heraus. Die Vergewaltigung, die sie ihm vorwarf, war nicht verjährt. Das Missverständnis war vermutlich einer übersehenen Rechtsänderung geschuldet: Seit 2015 verjähren sexuelle Straftaten unter bestimmten Umständen nicht mehr nach 20 Jahren.

Bei Verbrechen dieser Art muss die Staatsanwaltschaft also anfangen zu ermitteln – auch wenn niemand Anzeige erhoben hat. Und das rückte Tempel ins Rampenlicht, die gegen Wedel aussagen sollte, dabei wollte sie das unbedingt vermeiden, um nicht retraumatisiert zu werden. Nun begann auch eine Auseinandersetzung zwischen der *Zeit* und Tempel, die sich von dem Medienhaus im Stich gelassen fühlte. In dem Streit ging es um mutmaßliche Versprechungen vonseiten der Redaktion an Tempel und die Übernahme möglicher strafrechtlicher Kosten. Das Landgericht Hamburg entschied später, dass die *Zeit* Tempel keinen Schadensersatz zahlen muss.

Der strafrechtliche Prozess gegen Wedel kam letztlich nie zustande, weil er vorher verstarb. Mit dem Tod stellte das Gericht das Verfahren ein, der Fall bleibt also bis heute juristisch ungeklärt. Jany Tempel ist immer noch als Aktivistin gegen sexualisierte Gewalt aktiv – und hat im Zuge dessen immer wieder an die Verantwortung von Medienschaffenden bei der #MeToo-Berichterstattung appelliert.

Auch dieser Auseinandersetzung ist es vermutlich geschuldet, dass es danach in Deutschland erst einmal keine großen #MeToo-Recherchen mehr gab. Vielleicht war die Angst unter Journalist:innen zu groß, Fehler zu machen, vielleicht war die Angst der Betroffenen zu groß, ein ähnliches Schicksal zu erleiden wie Jany Tempel.

Vor allem die *Zeit* hielt sich lange in diesem journalistischen Bereich zurück. Stattdessen wurde der *Spiegel* das Medium, das #MeToo-Recherchen in Deutschland vorantrieb. Ab 2021 veröffentlichte er Vorwürfe gegen den Comedian Luke Mockridge, den Starkoch Christian Jürgens oder den ehemaligen *Bild*-Chefredakteur Julian Reichelt. Die Fälle sind unterschiedlich gelagert, doch sie eint, dass den Männern Machtmissbrauch im Privaten oder Beruflichen vorgeworfen wurde. In allen drei Fällen weisen die Männer die Vorwürfe von sich. Aber auch Recherchen, in denen es nicht um berühmte mutmaßliche Täter ging, mehrten sich, ob im Schach, im Turnen, in der Pflege oder an Universitäten. An immer mehr Orten wurden Strukturen der sexualisierten Gewalt aufgedeckt, mal mit mehr, mal mit weniger Aufmerksamkeit verbunden.

Ein Fall, bei dem dann wieder alle hinschauten, wurde im Sommer 2023 bekannt. Der Rechercheverbund aus NDR, WDR und *Süddeutscher Zeitung* veröffentlichte Anfang Juni 2023 als Erstes Recherchen zum Rammstein-Sänger Till Lindemann. Andere Medien folgten mit eigenen Recherchen zum gleichen Thema. Was von außen wie ein Wettrennen zwischen verschiedenen Medienhäusern aussah, führte letztlich zu einem verdichteten Bild einer Vielzahl an Vorwürfen.

Dass Verdachtsberichterstattung im Bereich der sexualisierten Gewalt und des Machtmissbrauchs zunimmt, ist eine positive Entwicklung. Schließlich gehört es zu den Kernaufgaben des Journalismus, gesellschaftliche Missstände und missbräuchliche Strukturen freizulegen und zu dokumentieren. Lange genug hat schließlich auch die Presse in diesem Bereich einfach weggeschaut – auch in der eigenen Branche.

Der Zeitpunkt der Veröffentlichung des Textes, mit dem der Film *She Said* endet, ist in der Realität für viele Investigativjournalist:innen keineswegs der Abschluss, sondern der Beginn von einem ganzen Berg neuer Arbeit. Weitere Zeug:innen und Betroffene melden sich mit Geschichten, die recherchiert werden wollen. Die Reporter:innen müssen in Fernsehen und im Radio Interviews geben, um ihren Recherchen größere Aufmerksamkeit zu verschaffen. Doch das sind die Folgen, die zeigen, dass sich ihre Arbeit gelohnt hat.

Auf der anderen Seite steht ein Aspekt, den viele Journalist:innen als eher lästig empfinden: die presserechtlichen Auseinandersetzungen, die sich über Jahre ziehen können. Denn obwohl es sehr strenge Regeln für Verdachtsberichterstattung gibt und diese oft zeitintensiv und detailliert durchgeführt wird, suchen mutmaßliche Täter:innen Mittel und Wege, um die Berichterstattung vor Gericht anzufechten. Und nicht selten haben sie damit Erfolg.

In Deutschland sind viele Rechercheartikel nicht mehr in ihrer Ursprungsform online. Bei manchen sind es nur unwichtige Details, die nachträglich geändert werden mussten, bei anderen fehlen ganze Passagen, oder sie sind komplett offline genommen worden. Diese juristischen Auseinandersetzungen nach der Veröffentlichung haben nicht nur für die Journalist:innen und die veröffentlichenden Medien Auswirkungen, sondern auch für die Betroffenen.

Wenn Menschen, die sexualisierte Gewalt oder Übergriffe erlebt haben, mit ihren Geschichten an die Öffentlichkeit gehen, dann tun sie das in der Regel nicht als ersten, sondern als letzten Schritt. Also dann, wenn sie alle anderen Möglichkeiten zuvor ausprobiert und das Gefühl haben, auf juristischem Weg keine Gerechtigkeit zu erlangen. Wer mit Betroffenen spricht und sie fragt, wieso sie beschlossen haben, an die Presse zu gehen, wird nur selten das Wort »Rache« hören. Viel häufiger ist Verzweiflung das Motiv oder der Wunsch, andere vor der mutmaßlich gewalttätigen Person zu schützen.

Doch wie kommen die Betroffenen überhaupt an die Presse? Schließlich haben die wenigsten Menschen eine Investigativjournalist:in in ihrer Kontaktliste gespeichert. Die Wege sind unterschiedlich: Jedes große etablierte Medienunternehmen hat eine Adresse auf seiner Website stehen, bei der sich Menschen mit Hinweisen jeder Art melden können. Außerdem haben sich bestimmte Journalist:innen in Deutschland mit ihren #MeToo-Recherchen einen Namen gemacht, bei denen sich Betroffene direkt melden. Dazu gehören Lena Kampf

(*Süddeutsche Zeitung*), Daniel Drepper (Rechercheverbund NDR, WDR und *SZ*), Juliane Löffler und Ann-Katrin Müller (*Spiegel*) oder selbstständige Journalist:innen wie Pascale Müller, Lena von Holt oder Pia Stendera.

Im Fall Weinstein, aber auch bei der Rammstein-Recherche haben die Betroffenen ihre Vorwürfe direkt über ihre privaten Instagram-, Twitter- oder YouTube-Accounts geteilt. Daraufhin haben sich Journalist:innen bei ihnen gemeldet, um ihre Geschichten zu recherchieren.

Zusätzlich hat sich in Deutschland vor ein paar Jahren die Initiative #musicmetoo als eine Art Vermittlerstelle etabliert. Auf ehrenamtlicher Basis bietet die Initiative Betroffenen eine Plattform und veröffentlicht bei Instagram sowie auf ihrer Website anonymisiert Erfahrungsberichte. Bei Bedarf vernetzt sie die Betroffenen untereinander oder vermittelt sie weiter an Journalist:innen.

Durch die Presse haben Betroffene die Chance, mit ihren Erfahrungen nicht mehr alleine dazustehen, sondern durch die Recherche Muster und Strukturen offenlegen lassen zu können. Aber der Weg vom ersten Gespräch mit einer Journalist:in bis zur Veröffentlichung ist oft ein langer. Und nicht immer geht es gut aus: Betroffene erzählen von unsensiblen Journalist:innen, Journalist:innen von Betroffenen mit Erwartungen, die sie nicht erfüllen wollen oder können.

Das liegt auch daran, dass Verdachtsberichterstattung aus guten Gründen strengen Regeln unterliegt. Regeln, die der Öffentlichkeit aber leider weitestgehend unbekannt sind. Nicht jedes Gerücht und jeder Erfahrungsbericht kann einfach veröffentlicht werden. Generell muss immer das Informationsinteresse der Öffentlichkeit mit dem Persönlichkeitsrecht des oder der mutmaßlichen Täter:in abgewogen werden. Darauf folgt die Frage, wie glaubhaft die Schilderungen der Zeug:innen und wie stark die Belege sind. Kommt man zu dem Schluss: Es ist alles da, kann generell berichtet werden. Doch auch dann ist die Voraussetzung, dass sachlich und ausgewogen berichtet wird. Und natürlich muss der oder die mutmaßliche Täter:in ausführlich und mit genügend Vorlaufzeit mit den Vorwürfen konfrontiert werden und darf selbst zu Wort kommen.

Die Regeln sind streng, aber uneindeutig. Denn wie groß das Informationsinteresse ist oder aber auch wie stark Belege sind, bleibt Auslegungssache. Dass Journalist:innen und Gerichte auch mal zu unterschiedlichen Ergebnissen kommen, ist also wenig verwunderlich. Wenn eine Geschichte nach einem Gerichtsurteil verändert oder offline genommen werden muss, heißt das also nicht, dass der Vorwurf falsch war. Es heißt lediglich, dass ein Gericht befunden hat, dass man nicht zu diesem Zeitpunkt und in dieser Form über einen Vorwurf hätte berichten dürfen. Das Urteil kann zu einem anderen Zeitpunkt und mit anderen Details unterschiedlich ausfallen.

Die strengen Regeln sind wichtig. Niemand kann wollen, dass Journalist:innen einfach Gerüchte verbreiten oder nur ihr Bauchgefühl entscheidet, welche Geschichte veröffentlicht gehört und welche nicht. Denn falsche Vorwürfe können das Leben einer Person ruinieren: Sie kann ihren Job, ihre Familie, ihren guten Ruf verlieren. Es ist also eine Selbstverständlichkeit, dass sich Menschen in einer Demokratie gegen Berichterstattung, die sie betrifft, zur Wehr setzen dürfen. Wie notwendig das sein kann, zeigt der Fall des Fernsehmoderators Jörg Kachelmann.

Lange vor #MeToo im Jahr 2010 hatte seine damalige Partnerin ihn beschuldigt, sie mit einem Messer bedroht und vergewaltigt zu haben. Die Presse bekam von den Vorwürfen erst wenige Tage nach Kachelmanns Festnahme etwas mit, doch dann begann etwas, das eher einer Schlacht als einer ausgewogenen Berichterstattung glich. Auf der einen Seite standen der *Spiegel* und die *Zeit*, die zu Kachelmann hielten. Auf der anderen waren verschiedene Springermedien und die *Bunte*, die Kachelmann als unglaubwürdig und schwer tatverdächtig darstellten. Alice Schwarzer wurde für die *Bild* Prozess-Kolumnistin, in ihren Texten war von Anfang an klar, dass sie Kachelmann für schuldig hielt. In der Berichterstattung vieler Medien zum Prozess wurden intimste Details veröffentlicht, Zeuginnen wurden für Interviews bezahlt und *Zeit*-Reporterin Sabine Rückert mischte sich sogar aktiv in den Prozess ein.

Viele gehen davon aus, dass die Berichterstattung den Prozess erheblich beeinflusst hat. Eindeutige Stimmungsmache voller Häme, Totalversagen der Medien, lächerlicher Medienzirkus: So wird heute über die Berichterstattung von damals gesprochen. Und nicht zu Unrecht – an die Regeln der Verdachtsberichterstattung, ohne Vorverurteilung in die eine oder andere Richtung zu berichten, hat sich in dieser Zeit kaum ein Medium gehalten. So konnte Jörg Kachelmann nach seinem Freispruch auch gegen einige Medien juristisch vorgehen. Die Verlage Springer und Burda einigten sich außergerichtlich mit Kachelmann und zahlten ihm Schmerzensgeld in sechsstelliger Höhe wegen ihrer vorverurteilenden Berichterstattung während des Prozesses. Und obwohl Kachelmann freigesprochen wurde und Medien ihre Fehler eingestehen mussten, ist für viele weiterhin »Vergewaltigung« das erste Schlagwort, das ihnen zu Jörg Kachelmann einfällt.

Es ist also richtig und wichtig, dass Menschen sich gegen Berichterstattung wehren können. Doch es ist nicht von der

Hand zu weisen, dass presserechtliche Verfahren auch als Einschüchterungs- und Ablenkungstaktik genutzt werden. Denn die presserechtliche Bearbeitung eines Textes ist viel Arbeit, in erster Linie natürlich für die Anwält:innen der Medien, aber auch für die Journalist:innen, die alles Material zusammensuchen und erklären müssen. So werden sie allein schon zeitlich davon abgehalten, weiterzurecherchieren, weil sie damit beschäftigt sind, ihre alten Recherchen zu verteidigen. Die Anwält:innen der im Text Beschuldigten suchen dabei kleinste Fehler oder Details heraus, und haben sie einen gefunden, können sie lauthals verkünden: Der Text war in dieser Form nicht richtig, es wurden Fehler gemacht. Manchmal geht es dann lediglich um den falschen Namen eines Anwalts.

Selbst die Kommunikation um Gerichtsurteile ist in den vergangenen Jahren zu einem eigenen Kampffeld geworden. Es geht dabei um die Deutungshoheit. Anwält:innen, die die Gegenseite vertreten, beauftragen PR-Firmen, die die Gerichtsurteile für sie positiv gedreht verbreiten. Da müssen Medien dagegenhalten.

Gleichzeitig schärfen die vielen Gerichtsurteile zu #MeToo-Enthüllungen auch die Grenzen und Möglichkeiten der Berichterstattung. So hat sich beispielsweise etabliert, dass man bei Recherchen dieser Art mit eidesstattlichen Versicherungen arbeitet. Die wirken zwar erst vor Gericht, aber wenn Zeug:innen bereit sind, welche abzugeben, versichern sie damit, wahrheitsgemäß auszusagen. Stellt sich heraus, dass das nicht stimmt, können sie juristisch dafür belangt werden. Es trägt also zu ihrer Glaubwürdigkeit bei – und um die geht es schließlich bei einer Berichterstattung. Für Lena Kampf von der *Süddeutschen Zeitung*, mit der ich über ihre Recherchen zu Rammstein gesprochen habe, sind sie eines der wichtigsten

Instrumente in der Verdachtsberichterstattung, deren Bedeutung immer weiter zunimmt.

Die gerichtlichen Vorgänge sind zwar zeitraubend und anstrengend, aber sie haben das Potential, Persönlichkeitsrechte und die Pressefreiheit zu stärken. Die Regeln, was und wie berichtet werden kann, werden klarer. Auf lange Sicht könnten sie die Berichterstattung vielleicht sogar besser machen, doch das ist eine sehr positive Lesart. In der Realität schränken die juristischen Auseinandersetzungen die Berichterstattung immer weiter ein. Denn sie kosten Zeit und Geld, halten Journalist:innen von ihrer Arbeit ab. Sie haben eine abschreckende Wirkung, sodass einige Medien lieber gleich von Berichterstattung dieser Art absehen.

Wenn Betroffene sexualisierter Gewalt an den Behörden verzweifeln, wenn ihnen schlicht die Kraft und Kapazitäten für diesen aufwändigen und emotional herausfordernden Weg fehlen, können sie sich an die Presse wenden. Doch auch dieser Weg führt viele nicht zum erwünschten Ziel. Denn selbst wenn es zu einer Berichterstattung kommt, zeigen viele Fälle das gleiche Ergebnis: Die Vorwürfe sind der Öffentlichkeit bekannt, doch die Täter:innen leben ihr Leben weiter, als wäre nichts passiert, während die Betroffenen beschimpft und bedroht werden.

Ihnen wird vorgeworfen, sie lögen für den »Fame« oder seien selbst schuld daran, was ihnen passiert sei – wegen ihrer Kleidung, ihrem Auftreten, ihrer bloßen Anwesenheit an einem bestimmten Ort. Warum trug sie auch diesen Rock? Wieso so viel Make-Up? Was wollte sie überhaupt im Backstagebereich? Sie war doch bestimmt betrunken. Man weiß doch, dass man keine Getränke annehmen soll. Die Täter-Opfer-Umkehr, die wie vorher beschrieben in der Justiz zum Tragen kommt, ist bis heute auch in der Zivilgesellschaft eine weit verbreitete Argumentation, wenn es um sexualisierte Gewalt geht.

Die Reaktionen nach der Veröffentlichung von Vorwürfen gleichen sich. Dass trotzdem immer wieder Betroffene bereit sind, diesen Weg zu gehen, ist mutig und wichtig für die Gesellschaft. Denn investigative Recherchen zu sexualisierter Gewalt würde es ohne die Stimmen der Betroffenen nicht geben. Und ihre Stimmen braucht es. Denn Missstände aufzuzeigen, Strukturen zu benennen und das Ausmaß der sexualisierten Gewalt sichtbar zu machen, ist der erste wichtige Schritt, um #MeToo zu einem Erfolg zu machen. Dass immer mehr Medien – trotz aller Herausforderungen und Hürden – bereit sind, solche Recherchen zu finanzieren und durchzuführen, ist ebenfalls eine positive Entwicklung.

Die Vorbilder

Was Bewegungen erreicht haben, wird in der Regel erst in der Rückschau klar. Und selbst dann ist die Interpretation meist nicht eindeutig. Nehmen wir die 68er: Deren Proteste, die nicht einmal ein Jahr angedauert haben, stehen heute für eine ganze Epoche und werden gleichermaßen verklärt wie verteufelt. Sie sind Ursprung allen Übels in der BRD oder Freiheitsbringer und Inspiration für alle Protestbewegungen, die ihr nachgefolgt sind.

Es ist also nicht verwunderlich, dass auch über den Erfolg von #MeToo keine endgültigen Aussagen getroffen werden können. Die Bewegung ist weder eindeutig noch verläuft sie stringent. Nein, es ist ein Auf und Ab. Noch immer schämen sich viele, über das zu sprechen, was ihnen passiert ist. Überwindet sich eine Betroffene, bekommt sie hier und da Solidarität, aber meistens wird ihr misstraut und dem Täter geglaubt. Und selbst wenn ihr geglaubt wird, nutzt der Täter seine Macht, um sich vor gesellschaftlichen und juristischen Konsequenzen zu schützen.

#MeToo ist keine Bewegung, die auf der Straße stattfindet – zumindest in Deutschland. Klar gibt es hier die obligatorischen Demonstrationen zum feministischen Kampftag am 8. März

Frauen demonstrieren in Santa Fe, Argentinien, am 8. März 2018.

oder zum Internationalen Tag gegen Gewalt gegen Frauen am 25. November, aber ansonsten bleiben Deutschlands Straßen leer. Ganz im Gegenteil zu Spanien, Argentinien, Mexiko, Indien oder Polen, wo in den vergangenen Jahren Tausende Feminist:innen auf die Straße gegangen sind, um für ihre reproduktiven Rechte und, ja, auch für ihre Sicherheit zu kämpfen.

In Deutschland funktioniert die Bewegung bislang wie folgt: Betroffene gehen mit ihren Vorwürfen über soziale oder klassische Medien an die Öffentlichkeit. Die Faustregel lautet: Je berühmter der oder die Beschuldigte, desto mehr Aufmerksamkeit bekommt der Fall. Und anhand dieses Falls werden dann gesellschaftliche Missstände diskutiert. Brauchen wir also diese Call-out Culture, um über unsere patriarchale und sexistische Struktur zu sprechen, in der wir leben?

#MeToo ist Chaos. Die Bewegung ist noch jung und hat schon einiges erreicht. Aber eigentlich geht es immer, wenn es einen Schritt nach vorne geht, auch einen zurück. Dieses Vor und Zurück sieht man in fast jedem Bereich. Beispielsweise bei der Presse, ohne die die Bewegung nicht auskommt. Mittlerweile ist Verdachtsberichterstattung über sexualisierte Gewalt zu einem festen Bestandteil der Arbeit fast aller großen deutschen Redaktionen geworden. Ein Gewinn, der vor allem zeigt, dass sexualisierte Gewalt mittlerweile als strukturelles Problem gilt, statt als private Einzelfälle abgetan zu werden. Doch gleichzeitig hat sich etabliert, dass gegen jedes Detail dieser Texte geklagt wird. Die Berichterstattung an sich ist zu einem Kulturkampf geworden. Und durch die Gerichtsurteile wird der Rahmen, in dem es zu berichten gilt, immer enger. Das Schreiben über #MeToo wird herausfordernder.

Auch am Arbeitsplatz soll #MeToo gleichermaßen einen Strukturwandel erkämpft und Nachteile für Frauen geschaffen haben, so das Ergebnis der Studie *Looking Ahead: How What We Know About Sexual Harassment Now Informs Us of the Future* (2019) von Leanne Atwater und Rachel Sturm von der University of Houston. Sie besagt, dass ein Großteil der befragten Männer nun ihr eigenes Verhalten am Arbeitsplatz reflektieren. Dazu gehöre etwa, das eigene Handeln kritisch zu hinterfragen oder Gespräche mit Kolleg:innen nicht mehr hinter geschlossenen Türen zu führen. Doch gleichzeitig – auch das sagt die Studie – führen Männer nun weniger Einzelgespräche mit weiblichen Kolleginnen und neigen eher dazu, Frauen von sozialen Aktivitäten im Arbeitskontext auszuschließen. Und zwar aus Angst vor falschen Unterstellungen.

#MeToo hat seinen Ursprung in der Arbeitswelt der Filmschaffenden, in Hollywood. Und dort waren auch schnell die ersten Veränderungen sichtbar. Kommissionen wurden eingerichtet und Schutzmaßnahmen eingeführt. Was früher noch eine Ausnahmeerscheinung vorrangig an feministischen Sets war, gehört mittlerweile für viele Produktionsfirmen zum Standard: die Arbeit mit *Intimacy Coaches*. Sie sollen dafür sorgen, dass beim Dreh von intimen Szenen alles einvernehmlich verläuft. Dafür wird schon im Vorhinein bei den Proben im Detail mit den Schauspieler:innen abgeklärt, wo ihre Grenzen liegen und welche Berührungen sie in Ordnung finden.

Um sich besser zu vernetzen und wichtige Positionen in Hollywood vielfältiger zu besetzen, gründeten 300 Filmschaffende wie Oprah Winfrey und Reese Witherspoon die Bewegung *Time's Up*. Diese rief auch einen Rechtshilfe-Fonds ins Leben, der Frauen, die es sich nicht leisten können, anwaltlichen Beistand finanziert. Allein im ersten Jahr wurde er von über 4000 Betroffenen in Anspruch genommen. Ein anderes Mittel ist der *Inclusion Rider*, in dem Schauspieler:innen vertraglich festhalten können, dass das Personal vor und hinter der Kamera möglichst divers sein soll – wie viele Schauspieler:innen mit solchen Papieren arbeiten, lässt sich nicht überprüfen.

Und auch in Deutschlands Film- und Fernsehszene bewegte sich etwas. 2018 wurde die unabhängige Beschwerdestelle Themis gegründet, Menschen aus der Kultur- und Medienbranche können sich dort psychologisch und juristisch beraten lassen. Die Betroffenen sexualisierter Gewalt, die bei Themis Hilfe suchen, werden jedes Jahr zahlreicher. Im Jahr 2023 wurden über 800 Gespräche geführt. Doch Themis arbeitet in einem begrenzten Rahmen, das Thema ist eng gefasst (beispielsweise fallen Models nach ihrer Definition nicht unter »Kulturbranche«) und die Kapazitäten sind stark begrenzt.

Dabei können unabhängige Beschwerdestellen ein Vorbild für alle Arbeitsbereiche sein. Eigentlich sind in Deutschland Firmen ab einer bestimmten Größe seit 2006 verpflichtet, eine Beschwerdestelle gegen Diskriminierung einzurichten, aber weder müssen sie diese mit externen Mitarbeiter:innen besetzen, noch gibt es Sanktionen, wenn keine Stelle eingeführt wird.

Statt halbherziger Forderungen braucht es in deutschen Unternehmen nicht nur mehr Diversität in Führungspositionen, also mehr Frauen und queere Menschen als Chef:innen, um die Perspektiven zu erweitern und Diskriminierung zu mindern, sondern vor allem einen Abbau von Machtkonzentration. Denn egal, ob es sich um eine BIPoC oder eine weiße Person, einen Mann oder eine Frau handelt – wann immer eine Person viel Macht hat, kommt es zu Machtmissbrauch. Um dem vorzubeugen, muss man die Macht auf mehrere Schultern verteilen. Und in Bereichen, wo sie konzentriert bleibt, braucht es Fortbildungen zu sexualisierter Gewalt und Missbrauch. An vielen Arbeitsplätzen herrscht noch großes Unwissen darüber, wie man mit grenzüberschreitenden Situationen umgehen soll.

Erste Ansätze gibt es im »Bündnis gegen Sexismus«, das unter der Schirmherrschaft von Familienministerin Lisa Paus (Bündnis 90/Die Grünen) im Februar 2023 an den Start gegangen ist. Über 500 Unternehmen, Kommunen und Verbände haben sich dem Bündnis angeschlossen mit dem Ziel, »sexuelle Belästigung zu erkennen und mit wirksamen Maßnahmen zu beenden«. Dabei geht es vor allem darum, Informationen und Lösungsansätze bereitzustellen. Wirklich radikal ist das alles nicht, aber ein Anfang.

Eigentlich hatte die Ampelregierung Großes vor. Sie hat das Jahrzehnt der Gleichstellung ausgerufen. SPD, Grüne und FDP wollten innerhalb von zehn Jahren dafür sorgen, dass Frauen und Männer in Deutschland gleichgestellt sind. Ein hehres Ziel, bei dem fraglich ist, ob es vonseiten des Staates überhaupt erreicht werden kann. Klar ist, dass es für sichtbare Erfolge vor allem eines braucht: Geld. Geld unter anderem für Täterarbeit und Opferschutz. Doch in den ersten Jahren der Legislatur passierte herzlich wenig. Auch weil immer wieder andere Großkrisenlagen dazwischenkamen: der russische Angriffskrieg auf die Ukraine, die Inflation in Deutschland, die Energiekrise.

Wer innerhalb des Systems gegen Gewalt gegen Frauen vorgehen möchte, kann sich an vier Schritten orientieren. Als ich mit der Feministin und *Missy-Magazine*-Gründerin Stefanie Lohaus über ihr Buch *Stärker als Wut* (2023), eine Chronik feministischer Bewegungsgeschichte, spreche, fasst sie diese wie folgt zusammen: Es ist davon auszugehen, dass es eine Tätergruppe gibt, die davon überzeugt ist, dass nicht alle Menschen gleich viel wert sind, weswegen sie Gewalt gegen Frauen, queere, jüdische oder rassifizierte Menschen in Ordnung findet. Der erste und wichtigste Schritt ist es, diese Menschen zum Umdenken zu bringen. Wenn das nicht gelingt, müssen sie davon abgehalten werden, dass ihr menschenverachtendes Weltbild in Gewalt umschlägt. Wenn auch das nicht gelingt, müssen die Betroffenen geschützt werden. Und wenn selbst das nicht gelingt, müssen die Opfer wenigstens im Nachhinein gut versorgt werden.

Im Großen und Ganzen hieße das für den deutschen Staat in erster Linie: Die Istanbul-Konvention schnellstmöglich komplett umzusetzen, indem beispielsweise flächendeckend Beratungsstellen und Frauenhausplätze geschaffen werden. Und zwar so gut ausgestattet, dass es auch Raum gibt für trans

Frauen oder Frauen mit psychischen Problemen, mit Kindern oder mit Sprachbarrieren. Aber auch in der Täterarbeit fehlt es an Mitteln, in Berlin gibt es beispielsweise nur drei Beratungsstellen. Dort wird hauptsächlich mit Männern gearbeitet, die schon einmal gewalttätig geworden sind. Wenn sie Einsicht zeigen, soll dann in Gruppenarbeit versucht werden, die Gewaltspirale zu durchbrechen. Als Präventionsarbeit reicht das aber noch lange nicht aus.

Aber auch kleinere Schritte können schon etwas bewirken, wie eine flächendeckende anonyme Spurensicherung. Dabei könnten Betroffene ihre Verletzungen durch Ärzt:innen dokumentieren lassen, ohne sofort Anzeige erstatten zu müssen. So können Opfer von sexualisierter Gewalt kostenlos wichtige Beweise festhalten und trotz allem erst später entscheiden, wie sie weiter verfahren möchten. Die dokumentierten Spuren werden dabei jahrelang aufgehoben bis zu einem möglichen Gerichtsprozess.

Die Schritte zu einer gleichberechtigten und gewaltfreien Gesellschaft sind vielfältig. Dabei lohnt sich der Blick in Länder, in denen es gut läuft, um sich im besten Fall etwas abzuschauen. Im Kampf gegen Gewalt gegen Frauen gilt Spanien als Vorreiter, denn das Thema wurde dort vor 20 Jahren zu einer Staatsangelegenheit gemacht. Die spanische Regierung investiert viel in präventive Maßnahmen wie etwa die Fortbildung von Lehrkräften zu Themen wie Gleichberechtigung und Machtmissbrauch. Kommt es zu häuslicher oder sexualisierter Gewalt, dürfen diese Fälle nur von spezialisierten Gerichten und Anwaltschaften übernommen werden – damit die Verfahren schnell über die Bühne gehen und Betroffene nicht unnötig belastet werden. Die anwaltlichen Kosten werden im Zweifel vom Staat übernommen.

In den vergangenen Jahren sind immer mehr Reformen hinzugekommen, beispielsweise ein neues Gesetz für trans Menschen, das allen ab 16 Jahren erlaubt, unbürokratisch auf dem Amt ihre Geschlechtszugehörigkeit anzupassen. Es folgte das »Ja heißt Ja«-Sexualstrafrecht sowie erleichterte Krankschreibungen bei schmerzhafter Menstruation. Dazu kommt, dass Männern, die gegenüber ihrer (Ex-)Frau gewalttätig werden, das Besuchs- und Sorgerecht der gemeinsamen Kinder entzogen werden kann.

Seit Januar 2022 erfasst Spanien als erstes Land in der EU alle Formen von Femiziden. Zudem wird in Spanien mit der Datenbank »VioGén« jede Form von geschlechtsspezifischer Gewalt evidenzbasiert erfasst und analysiert. Daraus wurde eine Art Checkliste zur Risikobewertung entwickelt, das jeder Frau, die sich an die Polizei wendet, vorgelegt wird. Nach der Auswertung gibt es dann konkrete Anweisungen für die Beamt:innen, wie die Frau zu schützen ist. Das Leben einer Frau hängt damit also nicht mehr von der Motivation oder dem Bauchgefühl eines oder einen einzelnen Beamt:in ab, sondern es gibt ein klares Vorgehen.

Selbst Spanien ist kein feministisches Paradies: Auch dort gibt es noch Gewalt gegen Frauen, Femizide und antifeministische Angriffe auf Errungenschaften. Doch die Reformen und Gesetzesänderungen der Regierung – die unter dem Druck von jahrelangen feministischen Kämpfen entstanden – zahlen sich aus. Die Anzahl der Femizide in Spanien ist in den letzten Jahren rapide gesunken. Ein Beweis dafür, dass Reformen Leben retten können.

Ein ähnliches Vorgehen gibt es in kleinem Rahmen auch in Deutschland. Rheinland-Pfalz hat als erstes Bundesland ein Interventionsprojekt gegen Gewalt in engen sozialen Beziehungen (RIGG) eingeführt. Dabei werden Hochrisikofälle bei interdisziplinären Fallkonferenzen besprochen. Schlägt das Hochrisikomanagement Alarm, werden verschiedene Maßnahmen in Gang gesetzt. Darunter fallen das Kontaktverbot für den Täter, die Unterbringung der Frau und Kinder in einem Frauenhaus sowie ein soziales Trainingsangebot für den Täter. Solch ein systematisches Vorgehen, bei dem wichtige Akteur:innen zusammenkommen und nötige finanzielle Ressourcen geschaffen werden, bräuchte es flächendeckend in der gesamten Bundesrepublik.

In Deutschland hat sich die Presse bislang als wichtiger Impulsgeber für Debatten im Bereich der sexualisierten Gewalt erwiesen. Überraschend ist das nicht, gehört das Aufdecken von gesellschaftlichen Missständen schlicht zu den Aufgaben des Journalismus. Gerade deswegen ist es wichtig, dass Redaktionen #MeToo-Berichterstattung nicht als eine Phase verstehen, in der das Thema gerade en vogue ist, sondern als generelle journalistische Aufgabe – auch dann, wenn die Arbeit durch juristische Auseinandersetzungen immer zeitintensiver und kostspieliger wird.

Große Recherchen zu Rammstein-Sänger Till Lindemann, Ex-*Bild*-Chef Julian Reichelt oder Til Schweiger, der sich an Filmsets gewalttätig verhalten haben soll, stoßen auf großes Interesse: Die Texte werden vielfach gelesen, neue Abos werden abgeschlossen. Immer wieder wird die Frage aufgeworfen, wie sinnvoll eine solche Call-out Culture ist, also dass wir das mögliche Fehlverhalten Einzelner in der Öffentlichkeit sezieren. Für den Moment scheint es jedoch der beste Weg zu sein, denn es geht bei den diskutierten Fällen ja nicht um kleine Fehltritte wie ein geklautes Kaugummi im Supermarkt, sondern um Vorwürfe von strukturellem Machtmissbrauch.

Und jeder Fall, der an die Öffentlichkeit gelangt, schärft das Bewusstsein für Missbrauch und nimmt den Betroffenen Stück für Stück die Scham, über ihre eigenen Erfahrungen zu sprechen.

Spiegel, *Süddeutsche* und Co. profitieren von der #MeToo-Berichterstattung. Und das ist okay so, schließlich kostet sie auch viel Geld. Was aber dabei nicht verloren gehen darf, ist die Berichterstattung aus Bereichen und Genres, in denen keine Prominenten involviert sind. Natürlich bekommen Texte mit großen Namen mehr Aufmerksamkeit. Doch auch missbräuchliche Strukturen in der Pflege, in Sportvereinen, Universitäten und auf Spargelfeldern gehören aufgedeckt. Es ist nicht so, als gäbe es dazu keine Berichterstattung, doch sie findet längst nicht so viele Leser:innen und kann deswegen wenig verändern. Nun könnte man es sich als Journalist:in leichtmachen und dem Publikum vorwerfen, dass es sich eben mehr für Prominente als für missbräuchliche Strukturen und Geschlechterungerechtigkeiten interessiere. Und da ist sicherlich etwas dran. Gleichwohl gehört es auch zu den Aufgaben des Journalismus, Geschichten so aufzubereiten, dass sie eine Leser:innenschaft finden.

Ob die Trainerin oder der Schauspieler, die Pflegerin oder der Regisseur: Fast nie steht bloß eine einzelne Person hinter einer Tat, sondern auch ein Netz aus Menschen, die dazu beitragen oder zumindest wegschauen und schweigen. Das lässt sich durchspielen am Beispiel von missbräuchlichem Verhalten bei Konzerten. Denn wenn die Schilderungen der Betroffenen zuträfen, müsste man sich fragen: Wer baut dann jedes Mal den Raum unter der Bühne auf? Wer sorgt dafür, dass es eine »Row Zero« gibt? Wer schützt diese Räume, sodass kein Unbefugter hineinkommt? Wer sucht die Frauen aus? Wer macht ihnen klar, dass sie nicht darüber sprechen sollen? Es wäre wenig glaubhaft, dass keine:r aus dem Umfeld des beschuldigten Musikers etwas mitbekommen hätte. Doch mögliche Mittäter:innen und Zuschauende bekommen bislang wenig Aufmerksamkeit.

Eine Ausnahme ist der Fall von Ghislaine Maxwell. Sie war eine Komplizin von Jeffrey Epstein, der nicht nur selbst Minderjährige missbraucht und vergewaltigt, sondern auch einen Ring zur Ausbeutung von Kindern und Jugendlichen unterhalten haben soll. Einen Monat, nach dem Epstein im Sommer 2019 festgenommen worden war, nahm er sich in einer Gefängniszelle das Leben. Maxwell wurde vorgeworfen, den Ring am Laufen gehalten, also die Minderjährigen rekrutiert und angestiftet zu haben. Nachdem sie fast ein Jahr auf der Flucht gewesen war, wurde sie 2022 in New York zu einer 20-jährigen Haftstrafe und einer hohen sechsstelligen Geldstrafe unter anderem wegen Kinderhandel verurteilt.

Der Epstein-Maxwell-Fall ist ein Extrembeispiel, doch Kompliz:innenschaft ist bei #MeToo die Regel, nicht die Ausnahme. Und vermutlich jeder und jede hat sich schon einmal mitschuldig gemacht. Denn ein »System« gibt es nicht nur bei Prominenten, sondern auch in unserem Umfeld. Wenn wir etwa übergriffige Sprüche des Abteilungsleiters am Arbeitsplatz tolerieren, statt der betroffenen Kollegin beizustehen, und unangebrachte Berührungen des distanzlosen Onkels beim runden Geburtstag weglächeln.

Wir haben in den vergangenen Jahren als Gesellschaft viel darüber diskutiert, wie wir mit Künstler:innen umgehen wollen, gegen die es Vorwürfe gibt. Die Frage wird vor allem dann relevant, wenn es keine Gerichtsurteile gibt. Können wir Künstler:innen von ihrem Werk trennen? Ist es noch okay, zu

»Billy Jean« von Michael Jackson zu tanzen? Sollte ich den neuen Woody-Allen-Film im Kino angucken? Kann ich zu einem Rammstein-Konzert gehen? Das sind moralische Fragen, auf die letztlich jede:r seine oder ihre eigene Antwort finden muss. Wichtig ist aber, sich überhaupt damit auseinanderzusetzen und sich beispielsweise klarzumachen, dass die Angehörigen von Michael Jackson das Geld, das seine Musik erwirtschaftet, unter anderem dafür nutzen, die Betroffenen zu verklagen und mundtot zu machen.

Solche Entscheidungen mögen einem vielleicht schwerfallen, weil es um Verzicht und Verantwortung geht. Doch deutlich wichtiger als die Frage, ob ich als Privatperson nun zuhause R.-Kelly-Musik höre oder nicht, ist, wie ich als Privatperson mit Vorwürfen gegen Menschen in meinem Umkreis umgehe. Und wenn man sich vorstellt, wie schwer sich die Gesellschaft schon damit tut, eindeutig übergriffigen Menschen keine große Bühne mehr zu geben, macht mir die Vorstellung Angst, wie sie im Privaten mit mutmaßlichen Täter:innen und vor allem den Betroffenen umgehen. Denn zugegebenermaßen ist das manchmal gar nicht so einfach.

Wenn ich in einer Bar dumm angemacht werde, habe ich keine Zweifel, wie ich damit umgehe. Ich sage »Nein«, hole notfalls zum Schlag aus oder suche mir Verbündete, um den Aufdringlichen aus dem Laden zu schmeißen. Wenn ich es mich denn traue und im richtigen Moment schlagfertig bin. Was aber, wenn nicht ich die Betroffene bin, sondern jemand anders? Oder aber, wenn ich die Situation nicht selbst miterlebe, sondern nur davon erzählt bekomme?

Oft sind es Gerüchte, um die es geht. Manchmal hört man recht uneindeutige oder vage Erzählungen, etwa die von dem einen Typen, der seine Freundin immer schlecht behandelt haben soll. Nennen wir ihn an dieser Stelle Tobias. Dass er sie kleingehalten und ihre Grenzen nicht akzeptiert haben soll, haben mir mehrere Leute erzählt. Ich selbst kenne seine Ex-Freundin nur flüchtig und habe sie seit Jahren nicht mehr gesehen, Tobias ist ein Freund von Freunden und mir gegenüber immer freundlich. Aber kann ich mit den Erzählungen im Hinterkopf über seinen Umgang mit Frauen noch entspannt mit ihm in einer Bar versacken? Sollte ich ihn damit konfrontieren, obwohl ich nicht weiß, ob seine Ex-Freundin das überhaupt möchte? Ist es fair, mit anderen, beispielsweise seinen Freund:innen, darüber zu sprechen, ob ihnen solche Verhaltensweisen bei ihm auch anderen gegenüber aufgefallen sind?

Ich kenne die Antworten auf diese Fragen nicht, auch die #MeToo-Bewegung hat sie mir nicht gegeben. Sicher bin ich mir, dass ich wie auch mein Umfeld sensibler für Übergriffe im öffentlichen Raum geworden bin. Dass wir einschreiten würden, wenn wir eindeutige Grenzüberschreitungen wahrnähmen. Überhaupt erkennen wir mittlerweile viel besser Verhaltensweisen, Muster und Kategorien, die auf Missbrauch – auch einem selbst gegenüber – hindeuten. Doch dieses Wissen bleibt oft den Frauen vorbehalten. Sie sind es, die einander vor einer Party am Arbeitsplatz vor dem einen Kollegen warnen, der gerne mal übergriffig wird, wenn er zu viel getrunken hat. Männer werden mit diesem Wissen nicht behelligt, als ginge sie das alles nichts an.

Genau hinzugucken und mit Blicken und Worten zu signalisieren, dass man eine bestimmte Situation nicht in Ordnung findet. Sie nicht wegzulachen, sondern darauf hinzuweisen. Diese Strategien habe ich mir auch im Umgang mit Tobias überlegt. Denn es geht mir nicht darum, Richterin im Privaten zu sein. Es kann sehr schnell zur Bevormundung werden, wenn ich darüber entscheiden möchte, was richtig und was falsch ist, was eine andere Frau nun erlebt hat oder auch nicht. Und letztlich spielt es nur eine untergeordnete Rolle, wie ich mich persönlich entscheide – ob ich mit Tobias in eine Bar gehe oder nicht.

Genau aufzupassen und Warnsignale ernstzunehmen ist viel wichtiger. Für manche mag das nach Kontrolle klingen. Für mich heißt es, sich verantwortungsvoll und solidarisch zu verhalten. Belästigung zu erkennen, anzusprechen und die Menschen dazu bringen, Betroffene rechtzeitig nach ihrem Einverständnis zu fragen, sollte in unserer Gesellschaft normalisiert werden. Und wir dürfen nicht aufhören, darüber zu sprechen, gerade über die Situationen, in denen man nicht weiß, wie man reagieren soll. Denn Grauzonen werden immer bleiben.

Fazit

#MeToo war ein Erfolg.

Als ich mit der Arbeit an diesem Buch begonnen habe, wusste ich nicht, ob ich diesen Satz schreiben werde. Denn die emanzipatorischen Errungenschaften der vergangenen Jahre sind zwar unübersehbar, die gesellschaftlichen Rückschritte und Kritik an den erkämpften Erfolgen aber leider auch. Und das unabhängig davon, ob es um Debatten, Justiz oder Presse geht. Aber heißt das, das einfach Stillstand herrscht? Oder bewegen wir uns trotz allem in die richtige Richtung?

Es ist kein Geheimnis, dass wir Menschen schnell vergessen. Wir vergessen nicht nur, welche Reformen und Fortschritte es gab, sondern auch, wie wir vor sieben Jahren noch über Sexismus und Machtmissbrauch gesprochen haben.

Die Arbeit an diesem Buch war mir persönlich wichtig, um all die Erfolge, die in meinem Gedächtnis längst unter Dutzenden Niederschlägen begraben waren, wieder hervorzuholen und sie sichtbar zu machen. Auch deswegen ist bei mir am Ende das Gefühl geblieben, dass sich etwas getan hat. Nur beweisen lässt sich das leider schwer. Deswegen schreibe ich den Satz »#MeToo war ein Erfolg« mit einem Bauchgrummeln.

Den Status Quo von #MeToo abzufragen ist schwierig, weil viel zu wenig Daten und Statistiken vorliegen, um zu überprüfen, welche Debatte und welche Maßnahme in den vergangenen sieben Jahren nun etwas bewirkt hat und welche nicht. Dazu kommt, dass die Situation sich von Land zu Land unterscheidet. Und obwohl es Länder mit deutlich sichtbareren Erfolgen gibt als Deutschland, ist es bislang keinem einzigen gelungen, ein Verfahren zu entwickeln, mit dem sexualisierte Gewalt und Machtmissbrauch verhindert werden können. Keinem einzigen.

Tipps, wie Frauen sich vor Übergriffen schützen sollen, gibt es dagegen viele. Und klar, viele davon mögen helfen: Aber erstens sind sie nicht für alle realistisch, zweitens laden sie die Verantwortung bei den Betroffenen ab und drittens tragen sie oft dazu bei, das eigentliche Problem unsichtbar zu machen. Generell liegt für Frauen und Menschen mit queeren Geschlechtsidentitäten eine gewisse Gefahr darin, am öffentlichen und privaten Leben teilzuhaben. Und das ist ein unaushaltbarer Zustand, den wir nicht müde werden dürfen zu benennen. Denn die Verantwortung dafür, dass auch Frauen und Queers in Sicherheit leben können, sollte nicht bei ihnen allein liegen.

Doch wie sollte man nicht müde werden? Feminist:innen wiederholen die immer gleichen Statistiken zu geschlechtsspezifischer Gewalt, mit denen sich längst keine:r mehr aufrütteln lässt. Nicht einmal dann, wenn es um die extremste Form der Gewalt, um Femizide, geht. Der Satz: »Jeden Tag versucht ein Mann in Deutschland, eine Frau zu töten, jeden dritten Tag gelingt es einem«, ist längst zu einer Floskel verkommen. Wer sich die Bedeutung des Satzes vor Augen führt, sollte wütend oder traurig werden – aber oft ruft er nur noch Schulterzucken hervor. Im Juni 2024 sind in Berlin drei Frauen innerhalb nur einer Woche getötet worden. Zwei Männer brachten ihre Ex-Freundinnen um, nachdem diese die Beziehung beendet hatten. Im dritten Fall tötete ein Mann seine Mutter. Reaktionen aus der Berliner Politik blieben aus, kein:e Politiker:in stellte sich vor eine Kamera um die Taten zu verurteilen, Mitleid mit den Hinterbliebenen auszusprechen oder Konsequenzen anzukündigen. Das Töten von Frauen ist zu einem Nebengeräusch im Alltag geworden. Dabei nimmt die Gewalt gegen sie immer weiter zu. Mittlerweile ist der oben zitierte Satz nicht mehr aktuell. Nun muss er heißen: »Jeden Tag versucht ein Mann in Deutschland, eine Frau zu töten, fast jeden zweiten Tag gelingt es einem.« Und es wird nicht lange dauern, bis auch er zu einer Floskel verkommt.

Obwohl seit Oktober 2017 immer mehr Fälle von Machtmissbrauch und Übergriffen an die Öffentlichkeit gelangt sind, erfahren wir von den meisten Taten nichts. Sie bleiben im Verborgenen oder tauchen allenfalls als irgendwelche Zahlen in der Dunkelfeldforschung auf.

Doch jeder Fall, der öffentlich wird, stellt Macht und die Mächtigen in Frage. Erst 2017 beim Aufkommen der Bewegung haben einige verstanden, wie übergriffig und missbräuchlich vieles war, das sie erlebt hatten. Denn viele wollen sich nicht als Opfer sehen und beginnen deswegen, falsches Verhalten ihnen gegenüber herunterzuspielen und zu rechtfertigen. #MeToo hat dafür vielen eine Sprache gegeben, und das allein ist ein großer Gewinn. Das Schweigen wurde gebrochen.

2017 ernannte das *Time Magazine* die *Silence Breakers* sogar zur *Person of the Year*. Ironischerweise genau ein Jahr, nachdem Donald Trump das Cover geschmückt hatte, waren fünf Frauen in einheitlich schwarzer Kleidung auf dem Titelblatt zu sehen: Ashley Judd, Susan Fowler, Adama Iwu, Taylor Swift und Isabel Pascual. Diese Frauen stehen für viele Hunderte mehr, das wird auch durch den am rechten Bildrand erkennbaren Arm einer sechsten, nicht identifizierbaren Person angedeutet. Für alle, die den Mut hatten, mit ihren Geschichten an die Öffentlichkeit zu gehen. Dieser Mut ist unbezahlbar.

Doch das Sprechen allein wird uns nicht weiterhelfen.

Menschen, mit denen ich in den vergangenen Monaten über #MeToo gesprochen habe, waren sich in einem einig: Das Unrechtsbewusstsein gegenüber sexueller Belästigung, sexistischen Witzen und unerwünschten Berührungen ist gestiegen. Trotz allem leben wir noch immer einer Welt, in der geschlechtsspezifische Gewalt zum Alltag gehört. Es gibt keinen Ort, an dem sie nicht stattfindet. Sie ist normal. Eine Welt ohne Sexismus, ohne Machtmissbrauch ist nur schwer vorstellbar.

Hätte #MeToo Erfolg, wäre das das Ende des Patriarchats. Und das werden wir nicht mit der Einrichtung von Beschwerdestellen erreichen. Um die gesellschaftlichen Zustände wirklich zu verändern, braucht es eine Revolution mit dem Ziel, die Vormachtstellung der Männer in allen Bereichen zu beenden. Gesetze abzuschaffen oder Reformen durchzusetzen – so hilfreich sie auch sein mögen – ist eine Kleinigkeit im Vergleich dazu, die gesellschaftlichen Vorstellungen von Geschlecht und Macht zu verändern. Es kostet eine Gesellschaft eine Menge Kraft, ihre tief verinnerlichten Strukturen zu erkennen und aufzubrechen.

In der Zwischenzeit werden wir ohne Reformen nicht auskommen. Wir kämpfen für eine Welt, in der es keine Schutzräume mehr braucht, weil wir überall sicher sind. Doch solange unsere Welt so gefährlich ist, wie sie ist, müssen wir eben auch dafür kämpfen, dass es ausreichend Frauenhäuser gibt, die so

Die *Silence Breakers* auf dem Titelblatt des *Time Magazine* 2017.

gut ausgestattet sind, dass dort auch trans Frauen oder queere Menschen oder Frauen ohne Deutschkenntnisse oder Frauen mit Kindern oder mit Behinderung einen Platz finden. Und natürlich auch dafür, dass es ausreichend bezahlbaren Wohnraum gibt, damit von Gewalt bedrohte Menschen es sich leisten können, ihre Partner:innen zu verlassen und in eine eigene Wohnung zu ziehen.

Aber auch der Kampf um Reformen ist mühsam. Auf den Staat und seine Institutionen kann man sich dabei nicht verlassen. Denn soziale Veränderungen gehen nicht von staatlichen Organen aus. Sie kommen von der Straße, von unten, aus Bewegungen, Arbeitskämpfen, Massenprotesten und vor allem aus langjähriger Bündnisarbeit. Das zeigt sich am Beispiel von Spanien, aber auch in Deutschland bei der Abschaffung von Paragraf 219A. Im Sommer 2022 beschloss der Bundestag, das sogenannte Werbeverbot für Schwangerschaftsabbrüche aus dem Strafgesetzbuch zu entfernen. Jedoch nicht, weil der Bundestag auf einmal seine feministische Seite entdeckt hatte, sondern weil Feminist:innen jahrelang dafür gekämpft hatten und hartnäckige Frauen wie die Gynäkologin Kristina Hänel bereit waren, die Kosten, den Zeitaufwand und juristische Widerstände in Kauf zu nehmen.

Gloria Steinem, seit Jahrzehnten eine feministische Aktivistin in den USA, sagte 2017 nur wenige Wochen nach dem Ursprungstweet von Alyssa Milano bei der Massachusetts Women's Conference in Boston: »Offensichtlich erheben wir in diesem Moment unsere Stimmen in einer Form, wie es noch nie vorher passiert ist.« Und an diesem Zustand hat sich bis heute nichts verändert: Noch immer erheben regelmäßig Betroffene ihre Stimmen und brechen das Schweigen. Dass wir mittlerweile seit sieben Jahren international über sexualisierte Gewalt und Machtmissbrauch diskutieren, ist ein Gewinn an sich. So etwas hat es zuvor noch nie gegeben.

Doch es wäre ein großer Fehler, davon auszugehen, dass sich diese Entwicklung wie selbstverständlich fortsetzen wird. Es ist ein leider recht verbreiteter Trugschluss, dass Machtmissbrauch mit den sogenannten ›alten weißen Männern‹ aussterben wird. Denn Sexismus und Übergriffe sind keineswegs nur Probleme von älteren Menschen. Am 24. April 2024 haben User bei TikTok zum »Rape-Day« aufgerufen. Sie behaupteten, an diesem Tag seien sexuelle Belästigung und Gewalt straffrei. Dieser Hoax verbreitet sich seit 2021 jedes Jahr, wie er entstanden ist, lässt sich nicht nachvollziehen. Im Jahr 2024 hatte er für solche Sorge an den Schulen geführt, dass die Berliner Schulsenatorin sich gezwungen sah, die Lehrer:innen vor diesem Tag zu warnen und sie zu sensibilisieren.

Doch es ist nicht dieser Tag allein, der zeigt, wie groß das Problem mit Sexismus in sozialen Medien ist, gerade in denen, wo sich vor allem junge Menschen aufhalten. Eine Studie der Dublin City University hat herausgefunden, dass es im Schnitt nur 23 Minuten braucht, bis 16- bis 18-Jährigen bei TikTok und YouTube Shorts misogyne Inhalte angezeigt werden.

Trotz allem hoffe ich, dass wir in weiteren sieben Jahren noch einmal weiter gekommen und die Erfolge von #MeToo deutlicher geworden sein werden. Gleichzeitig ist damit zu rechnen, dass die Angriffe auf die Bewegungen und die Diffamierungen mit dem Erstarken rechter Parteien und Gruppierungen zunehmen werden. All das wird den feministischen Kampf noch erschweren – ihn aber auch umso notwendiger machen.

Das Wichtigste ist dabei neben Solidarität, Bündnisarbeit und Straßenkampf, dass die Bewegung offen bleibt. Aufgeschlossen für Kritik und neues Handwerk. Wenn etwas nicht funktioniert, sollte man nicht gleich die Sache an sich, sondern zunächst lediglich den Weg dorthin in Frage stellen. In der Form zweifelnd und kritisch hinterfragend, in der Sache aber entschieden. Denn wir sind uns sicher, dass wir eine Welt ohne Patriarchat, ohne Sexismus und ohne Gewalt wollen. Nur wie genau wir dahin kommen, das weiß leider niemand so ganz genau.

#MeToo ist eine ständige Erinnerung dran, dass wir alle, die wir unter patriarchaler Gewalt leiden, ein viel besseres Leben verdient haben als das, das wir gerade führen. Und dass dieses Leben möglich ist. Ich zumindest träume von dem Tag, an dem ich mit meinen zwei besten Freundinnen in einer Bar bei Rotwein und Peroni vom Fass zusammensitze und wir nicht darüber reden müssen, was uns letzte Woche wieder für ein Mist passiert ist. Und an dem wir mit Sicherheit sagen können: Das wäre heute dank der #MeToo-Bewegung so nicht mehr möglich.

Lektüretipps

Ahmed, Sara: Feministisch leben! Manifest für Spaßverderberinnen. Münster 2017.

Burke, Tarana: Unbound: My Story of Liberation and the Birth of the Me Too Movement. New York 2021.

Bücker, Teresa: Alle_Zeit. Eine Frage von Macht und Freiheit. Berlin 2022.

Clemm, Christina: Gegen Frauenhass. Berlin 2023.

Criado-Perez, Caroline: Unsichtbare Frauen: Wie eine von Daten beherrschte Welt die Hälfte der Bevölkerung ignotiert. Übers. von Stephanie Singh. München 2020.

Farrow, Ronan: Durchbruch. Der Weinstein-Skandal, Trump und die Folgen. Hamburg 2019.

Fritz, Sophia: Toxische Weiblichkeit. Berlin 2024.

Gay, Roxane: Schwierige Frauen. München 2021.

Gordon, Aubrey: What We Don't Talk About When We Talk About Fat. Boston 2020.

Hedayati, Asha: Die stille Gewalt: Wie der Staat Frauen alleinelässt. Hamburg 2023.

Kaiser, Susanne: Politische Männlichkeit: Wie Incels, Fundamentalisten und Autoritäre für das Patriarchat mobilmachen. Berlin 2020.

Kampf, Lena / Drepper, Daniel: Row Zero: Gewalt und Machtmissbrauch in der Musikindustrie. Köln 2024.

Kantor, Jodi / Twohey, Megan: She Said. Wie das Schweigen gebro-

chen wurde und die #MeToo-Bewegung begann. Übers. von Judith Elze und Katrin Harlaß. Stuttgart 2022.
Lohaus, Stefanie: Stärker als Wut – Wie wir feministisch wurden und warum es nicht reicht. Berlin 2023.
Sahebi, Gilda: Unser Schwert ist Liebe. Die feministische Revolte im Iran. Frankfurt am Main 2023.
Srinivasan, Amia: Das Recht auf Sex. Übers. von Claudia Arlinghaus und Anne Emmert. Stuttgart 2022.
Stokowski, Margarete: Die letzten Tage des Patriarchats. Hamburg 2018.
Tlusty, Ann-Kristin: Süß. Eine feministische Kritik. München 2021.

»Ob britische Suffragetten, tomatenwerfende Studentinnen in Deutschland oder Aktivistinnen der ukrainischen Organisation Femen: Der Kampf für Frauenrechte findet auf der ganzen Welt statt.«

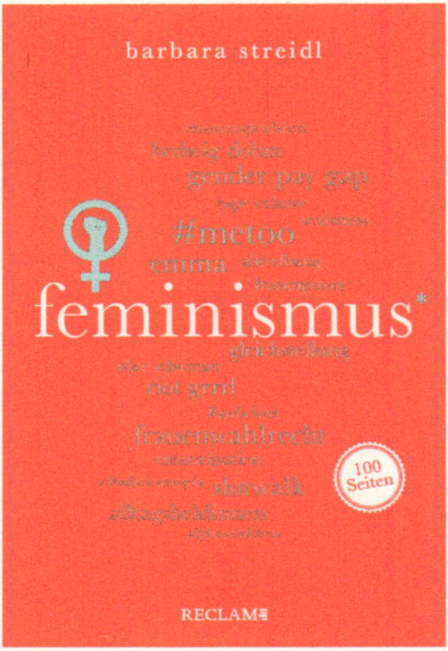

Barbara Streidl
Feminismus. 100 Seiten
100 S. · 7 Abb. und Infografiken
Broschiert
11,4 × 17 cm
ISBN 978-3-15-020541-9